# 蛻變中的臺灣經濟

于宗先著

三民叢刊 67

三民書局印行

# 序

于宗先

一九八〇年代後半期是世界變化最劇烈的一個時期。在國外，有共產主義帝國的沒落，有經濟區域主義的形成；有富裕國家的經濟蕭條，有貧窮國家的種族火拼。舉目四望，只有東亞的國家展現出經濟的迅速發展，各業活動蒸蒸日上的面貌。在國內，最重要的是：海峽兩岸經由三十多年的軍事對峙、政治交惡局面，變為經濟交流、人員互訪關係；經濟自由化的大步邁進，新臺幣巨幅升值對出口產業造成的嚴重影響，超額儲蓄過多造成的金融狂飆；戒嚴法撤銷後，政治運動如脫韁之馬，社會運動如火如荼，民間環保意識提高，企業界適應與調整的痛苦等。這些問題的相激相盪，引發了社會失序、政府無力、人民迷惘的混沌現象。

儘管臺灣曾經歷如此多的衝擊，但是經過四、五年的迅速調整，社會逐漸恢復了它的秩序，非理性的社會反應愈來愈少，而經濟尚能維持百分之八的年成長率，通貨膨脹率很低，失業率也很低，人民財富快速累積，產生了「藏富於民」的普遍現象。像這樣的蛻變現象，也曾在已開發國家出現過，但臺灣調整能有如此順利，有如此成果則不多見。當我們親身經歷這些變化時，有激憤，也有沮喪；有憂慮，也有期待。身為這個大變局中的一員，能無目睹？能無感受？為了為這個蛻變的時期留下記錄，為了表達一個知識份子的感受與建言，乃在報章雜誌發表了一些文章，在此所集的二十六篇文章，就是在這種紊亂局面、複雜心情之下完成的。它所刻繪的是這個年代，所觀察到的現象，它所申論的，不僅是這個年代所存在的問題，也是解決這些問題的途徑。

這個時期可稱為臺灣經濟的蛻變時期。蛻變代表求新，而新的意義，則為真與美。因此，我根據這些文章的內容，分成五大部分：即壹、轉型期臺灣經濟的處境，貳、金融狂飆的後遺症，叁、產業的何去何從，肆、物價的迷思，及伍、兩岸關係的發展。在這些文章中，絕大部分曾發表在臺北的報紙及雜誌，也有部分取自論文專集。在此特別謝謝這些報紙、雜誌的同意重新編印。

民國八十二年十一月

# 目次

# 壹、轉型期臺灣經濟的處境

# 歷史轉捩點上，我們所面臨的問題與解決途徑

今天，臺灣經濟正步入歷史的轉捩點。過去四十年，臺灣經濟發展的成果是豐碩的。這些成果包括：⑴臺灣經濟的平均成長率高達百分之八・九，是世界各國中最高的；⑵快速的經濟成果並未造成貧富不均的現象；⑶健全的財政，迄未爲社會大衆造成公債的負擔；⑷龐大的外滙累積，在世界上僅次於日本、西德；⑸儲蓄率之高爲世界各國之冠；⑹無外債的負擔使國際信用地位提高；⑺失業率相當的低，未釀成嚴重的社會問題；⑻無嚴重的通貨膨脹，致國民購買力不斷的提高。今後這些成果能否繼續保留下來，就在於我們能否妥善地解決擺在面前的兩大問題：⑴國際貿易的激烈競爭，和⑵快速成長所引發的社會問題。而這兩個問題是互相激盪、互相影響的。國際競爭不利就會影響工業的成長、經濟的發展及人民生活的改善；而社會問題如不能獲得圓滿解決，就會破壞投資環境，降低投資意願，肇致失業現象發生。

## 一、面臨的國際競爭

顯然，近年來，國際貿易競爭有愈趨激烈的趨勢。就臺灣的情況而言，她不僅要與其他的新興工業化國家競爭，也要同已開發國家競爭；不僅要與開發中國家競爭，也要與社會主義國家競爭。同其他新興工業化國家的競爭，不僅要視工資水準的高低而定，更要視技術水準的高低而定。同已開發國家的競爭，由於這些國家的工資水準上升太快，而生產力提升太慢，在很多產業方面，均已失去比較優勢。他們爲了挽救夕陽產業的形成，於是採行了保護主義的措施，或者強迫貿易對手國使其貨幣升値。在這方面，我們首當其衝，成爲保護主義攻擊的靶心。同開發中國家的競爭，由於我們的工資不再低廉，不少傳統產業也失去比較優勢，逐漸陷入困境。同社會主義國家的競爭，雖然競爭的陣勢尚未形成，但在農產品及農產加工品方面的競爭，我們已無獲勝的把握。

## 二、轉型期的社會問題

當一個國家從貧窮變爲富有，社會大衆從民智未開提升爲民智大開，知識份子從思想受約束發展爲思想大幅開放的階段時，通常都會產生許多社會問題，諸如民主運動、勞工運動、環保運動等。在西方國家，這些社會現象是按先後次序，而且經很長時間發生的。譬如美國費了二百年的時間去解決這些問題，但環保問題還在解決之中。在日本，一九五〇年代解決了民主運動，一九六〇年代解決了勞工運動，一九七〇年代出現的環保運動，目前仍在解決之中。但是在臺灣，這三種運動卻於同時間，以排山倒海之勢而來。因此，它們帶給政府與社會大衆以更大的衝擊與更長的頭疼時間。

由於這三種運動在同時間發生，致其複雜性也較美國與日本的情況爲大。從事民主運動的成員，爲了達成個人或少數人的政治目的，無不想利用各種機會，爭取社會上的政治資源。於是，他們利用了勞工運動，使勞工運動變質；也利用了環保運動，使環保運動變質。今天社會問題之如此複雜難解，就是因爲爭取政治資源的行爲產生了負面的效果。像不受法治規範的民主浪潮經常出現，部分缺乏理性的自力救濟行爲已使社會安全亮起紅燈；泛環保運動已使公共建設的進行中止，重要的產業興建無立足之地；部分勞工爲增加待遇，嘗試採行要脅性的罷工；而經常發生的搶劫、暴力犯罪事件已影響到社會安全等。

## 三、解決問題的途徑

針對這兩大問題的解決，政府固需努力，社會大衆也需通力合作。而政府當局所應做的，包括下列四方面：

㈠**積極改善投資環境**：投資環境的良莠直接影響各產業的成長。顯然，臺灣的投資環境已呈現惡化的現象。對於社會安定程度已不如往昔的現象，政府應拿出魄力，建立威信，掃除社會上經常出現的搶劫、暴力犯罪；並清除爲國人披下恐懼陰影的分離意識以及乏理性的自力救濟行爲。對不合理的賦稅制度，乏效率的稅務行政，應積極地加以改革；對落後不合時宜的金融制度，儘量使其民營化；對不足的公共設施，應增加公共投資；對解決勞資糾紛問題，應儘速修改勞動基準法；對處理環保問題，應採取污染者付費，受害者獲賠償的原則。

㈡**提升科技水準，增高生產力**：由於臺灣不再是勞工低廉的地區，爲了贏得國際競爭，提升科技水準爲最重要的途徑。在目前，所應積極進行的，是技術的引進。在這方面，可分高級技術的引進和基礎技術的引進。政府應提出一筆資金，有計畫地，聘請在美國的資深或剛剛退休的華裔科技人才，以三年或五年的聘期，給予適當的待遇，使其返國參與技術研究機構的研究工作，或大學研究所的教學及實驗工作，使其將新的技術、豐富的經驗傳授給國內的科技人員，同時國內要作適當的配合。相信五、六年之後，對於高級技術的引進，必將有豐碩的成果。對於基礎技術的引進，首先，應由政府協助廠商作一次技術水準的診斷，針對其需要，聘雇西方先進國家剛剛退休的技師來臺，進入工廠，以師傅傳授徒弟的方式，使其將基礎技術以及工作精神作徹底的移轉。同時對於工業專科學校之教材及實驗作全面性的檢討，然後針對檢討結果，作適度的修改與補充。如此一來，高級技術與基礎技術就會在臺灣生根。這是提高生產力，抵銷部分生產成本，增強國際競爭力最有效的途徑。

㈢**加強推動社會建設**：社會建設的範圍很廣，亟需由政府推動的，有下列五項：⑴交通建設：交通設施已落後經濟發展的需要，尤其大都會，如臺北市及其近郊城鎮，交通問題已變為一嚴重的問題。迄今政府未提出有效的措施解決交通擁擠、不便及乏效率的問題。政府無力推動的交通建設，亦可委由民間去經營。⑵住宅環境：臺灣大都市的住宅環境日趨惡化，而商業區與住宅不分是一重要原因。復以影響環境安全的行業，竟准予雜陳商業區之中，為環境製造污染的行業，竟准其蔓延於城市心臟地帶。政府應採取有效的措施，對住宅環境積極地加以改善。⑶污染問題：臺灣的生活水準雖日趨提升，然生活素質，在很多地方，不但無改善跡象，且日趨惡化。汽車的排放廢氣，垃圾的不當處理，下水道系統的不夠完備，以及地下工廠的製造污染，都是使生活素質惡化的主要原因。政府在這方面並非無能爲力，而是由於適當的法規欠缺，公信力不足，而社會大衆的共識不夠造成的無力感所致。(4)興建休閒活動場所：由於臺灣人口的密度太大，戶外活動的範圍有限，都市人口所需要的休閒場所愈來愈需要，也愈來愈重要。政府應利用山林、農場、海邊，興建休閒活動中心，一方面可使都市人口藉此得到生活壓力的紓解，另方面可增加農民收入。(5)增強文化活動：富裕的社會如無提升的文化來充實，就會變爲暴發戶充斥的社會，這種社會會很快沉淪於色情、豪賭、靡亂的境域。因此，應積極從文學、藝術、體育等方面的充實與拓展著手，藉以減少社會暴戾之氣、爭奪之風及淫亂之情。

㈣拓展對外經濟活動：在對已開發國家的貿易，我們已遭受保護主義的壓力，而且此一壓力有增無減。今後亟應開拓對開發中國家與地區的經濟關係。由於這些國家最需要的是資金及技術，我們應以適當的方式爲其提供資金及技術，作爲增強貿易關係及文化關係的管道。東南亞的國家固爲我們爭取的對象，而中國大陸亦會成爲具潛力的市場。在這方面，必須徹底改變傳統的「隔絕」策略，進而採取具彈性而有前瞻性的做法。

## 四、期待與努力

對我們而言，今天是一個充滿希望的時代，因爲我們具有其他國家所不具有的發展成果。可是今天也是一個令人憂心的時代，因爲社會出現的各種不良現象正蛀蝕我們的發展成果。我們所應努力的，乃是使希望變爲信心，將信心變爲行動。同時要使憂心變爲釋懷，由釋懷變爲希望。政府固應加緊腳步，改變作風，肆應這個時代，而社會大衆也應崇法務實，予以配合。相信，我們仍會創造一個更燦爛的時代。

（原載《自立晚報四十一週年社慶專刊》，民國七十七年十月）

# 國內經濟問題面面觀

經濟自由化、國際化已成爲中華民國經濟發展的策略，而國際競爭日趨激烈的趨勢也已十分明顯。經濟自由化、國際化所帶來的問題，乃是產業部門的調整問題及社會大衆的適應問題。在國際競爭局面下，優勝劣敗是無法避免的結局。面對這種情勢，如何調整產業結構，提高競爭能力，固然是朝野關注的問題，而如何適應劇變的環境，增強適應能力，也是大家所重視的問題。

不過，調整產業結構需要新的投資，也需要技術的紮根與發展。要增加新的投資不在於資金是否匱乏，而在於投資環境是否良好。今天國內的投資環境，卻因下列問題的發生及其未獲妥善解決，多有惡化的跡象。

㈠**土地問題**：四、五年以前，由於出超的不斷累積，爛頭寸過多，乃導致國內金融失序現象的發生，地下投資活動猖狂，股價暴漲如脫韁之馬，房地產便成爲投機的主要對象。兩年以前，土地價格暴漲幅度之大，中外罕見，有的土地價格上漲十倍之多，有的房屋價格也上漲二至四倍。雖然最近兩年，房地產價格稍呈下降，但其價格之高仍使中產階層憑一生之積蓄亦難購得四十多坪的房屋。房地產價格暴漲的結果，不但使廠商無力建廠，也使商店無力租房開張。更重要的，它使所得分配爲之惡化。如何解決土地問題，抑制投機風氣，固需要有適當的土地政策，更需要使部分農地改變用途，使公共設施密切配合。

㈡環保問題：環保本是世界性問題，最近十年方才逐漸受到政府與民間的重視。在民國七十年以前，我們曾建立了些汚染性高的產業，這些產業雖然對經濟成長作了很大的貢獻，但也使社會付出沉重的汚染代價。由於環境汚染相當嚴重，最近五、六年，環保運動迭起，且形成一種社會力量。很多人爲了環境保護對很多產業的設立採取抵制的態度，也有不少地區，完全禁止工廠之遷入。譬如電廠之設立，部分環保人士對任何電廠之設立都加以反對，然而社會大衆對電的需求卻有增無減。如何淨化環境，減少汚染傷害，仍能使產業持續成長，需要政府提出有效的政策，勠力以赴，更需要業者相應配合。

㈢法規問題：法規是限制人民行爲的規範，任何法規都有其制定的時代背景。當時代變了，這種法規的有效性都會降低，甚至與現實格格不入。它不僅不是一種有利運作的規範，而且也是限制運作的枷鎖。復次，最近二十年來，技術進步驚人，產業發展快速，新興行業如雨後春筍，對新興行業之運作，如不加以規範，必會成爲人際糾紛、社會失序的源頭。然而今日的立法機構卻不以立法爲職能，而是以叫囂、吵架、抗爭爲能事；致逾百件的法案得不到討論與立法的機會，使不合理的舊法仍爲執法的依據，社會大衆所需要的新法得不到問世的機會。如何修訂舊法、創制新法，政府當局責無旁貸，應拿出魄力，使其早日完成。

㈣勞工問題：兩年以前，臺灣尙有勞工運動，且曾使公營事業及大企業因罷工及街頭抗爭，困擾一時，近兩年來，雖無激烈的勞工抗爭事件之發生，但業者卻面臨了兩個勞工問題，一爲勞力不足問題，很多產業已發現勞工短缺現象，尤其建築業，即使工資很高，仍難吸收足夠的勞工。另一問題爲外籍勞工問題，爲了解決勞工短缺問題，許多民間企業乃私自雇用大批外籍勞工。從業者的觀點，雇用外籍勞工是事實的需要，從勞工觀點，雇用外籍勞工會降低他們的收入。事實上，雇用外籍勞工所引發的問題很多，諸如對產業升級的不利影響，對社會環境也有不良的影響。如何使引進的外籍勞工不妨礙產業升級，對社會環境無負面的影響，確是個亟待妥善解決的問題。

㈤六年國建計畫執行問題：爲了重建經濟社會秩序，謀求全面平衡發展，政府提出六年國家建設計畫。就預算分配上言，這個耗資新臺幣八兆多元的大型計畫，絕大部分是硬體建設。對於推動這些大型硬體建設，仍有很多問題待解決，是否每項大建設都作了客觀的評估？在資金及人力皆爲限制條件的情況下，有沒有優先順序？如何解決土地的徵收問題？如何解決預算的追加問題？這些大型計畫是否能如期完成？這些問題都會是社會大衆疑慮的問題，也是政府應該解決的問題。

㈥**政局動盪不安問題**：政局動盪不安雖非經濟因素，卻是影響經濟發展最重要的因素，一國若政局不安，鮮有經濟發展可言。中東的黎巴嫩、亞洲的菲律賓都是實例。目前，國內出現的政治危機不在於反對黨對執政黨的抵制行爲，而在於兩者對國家、文化的認同問題。對國家有不同的認知乃是分離主義的表徵，更重要的，海峽對岸不會坐視臺灣與大陸的長期分離。毫無疑問的，臺灣的分離主義已將臺灣的二千萬同胞抛進不安定、不確定的境域。處在這種情況下，外國企業家不但不來投資，而國內企業家也要出走。其對臺灣經濟社會之危害遠勝過石油危機，更勝過一次大恐慌。政府對於這種局面，如拿不出有力的對策，任其發展，臺灣的經濟發展必會陷入大蕭條的局面之中。

以上諸項是構成投資環境的重要環節，每個環節都是影響投資環境的重要因素，而投資之增減正是推動產業發展的兩個正負力量。除此，對於加強產業結構之改變，有兩個問題須加以解決。

㈠**技術進步問題**：臺灣已非低工資社會，勞力已不再充沛。處在這種環境下，我們必須加強科技發展，使升級進步成爲提高競爭力關鍵因素。最近五、六年來，科學工業園區的蓬勃發展，大量華人工程專家的返國，對引進技術、提高競爭力已產生了積極作用，但是，國內基礎技術人員的配合也十分重要。況臺灣是一個以中小企業爲主體的經濟，在產業以勞力密集爲特色的時代，所利用的技術多附著於機器設備，今後，各產業既以技術密集爲特色，必須要有自己的技術。因此，如何使技術紮根、滋長、茁壯，正需教育制度與產業發展作密切的配合，在這方面，政府應扮演宣導的角色。

㈡**民營化問題**：在臺灣，國營事業之範圍相當廣泛，在工業方面，油、電係國營獨占事業，在交通方面，郵政電信亦屬國營獨占事業，在金融方面，大多數銀行亦爲公營，雖然非完全獨占，但有主導市場的力量。在經濟發展初期，這些國營事業無論在經濟、財政及社會功能上均作了很大的貢獻，然由於民間企業的迅速發展，外來競爭之力量增強，國營事業因受到的限制太多，已無法應付競爭局面，爲了使整個產業結構得以調整，從而應付外來競爭，許多國營事業需要有次序的加以民營化，俾提高效率及競爭力。

總之，我們在經濟上所面臨的問題，主要是發展過程中難以完全避免的問題，如果我們能將其妥善解決，我們就會順利地進入已開發國家之林，如果在未來的三、五年中還不能加以解決，我們的經濟成長會大幅下降，所得分配會日趨惡化，而「藏富於民」的發展成果也將化爲歷史陳跡。

（原載《中華日報》，民國八十年十月十八日）

# 我們的國際經濟處境與選擇

自從東西兩大陣營的對峙局面結束以來，新的國際經濟秩序在迅速形成中。北美自由貿易區的擴大，歐洲單一市場的建立，東南亞新興工業化國家的崛起，中國大陸經濟改革與開放政策之加強，無形中使這個世界充滿了競爭的氣氛。面臨這種國際競爭情勢，我們的選擇是什麼？從今以後，我們是龜縮在臺澎地區？還是順勢向外擴張？這固需社會大衆的共識，更需決策階層的明智選擇。

## 一、各種比較優勢間的較量

北美自由貿易區正由美加兩國擴展到墨西哥。墨西哥的天然資源，如石油，相當豐富，而人力資源充沛而低廉。由於美加具備的優勢條件是資金和技術，弱勢條件是高工資的勞力，將來與墨西哥低廉的勞力結合起來，便會產生一種比較優勢，利用這種比較優勢所生產的產品不但便宜而品質亦會提高。這些產品便會有能力同外來的產品競爭。歐洲的單一市場在目前包括西歐、北歐及南歐的國家，將來還會擴展到匈牙利、捷克和波蘭。就現在的條件而言，南歐的國家及成爲德國一員的東德地區，勞力充沛，工資水準較低。由於單一市場的建立，歐洲已開發國家的資金及技術再和南歐國家及東德地區所提供的廉價勞力結合在一起，也會創造出另種比較優勢，利用這種比較優勢所生產的產品，也會有同外來產品競爭的力量。這種變化的特質是將一個具保護作用的區域組織擴大爲具競爭能力的區域組織。

世界上尙無保護作用的區域組織的其他地區，如拉丁美洲，由於政治環境惡化，無力吸引外人投資。中東地區仍在火拼之中，短期內難有和平局面，無業者敢到此種地區冒險投資。非洲的許多國家連年天災人禍，官員傾軋不已，民生疾苦嚴重，任何投資者都會望之卻步。在亞洲地區，南亞的國家也許受文化因素的影響，徒有充沛的勞力，生產力低，經濟情況落後，也乏投資者問津。東南亞地區，在近十年來，藉外人投資之力，經濟成長快速。由於工資水準仍低，且勞力充沛，故具有一種比較優勢，在國際市場有相當高的競爭力。

近年來受注目的另一個地區是中國大陸。由於中共對內採取經濟改革，對外採取開放政策，便積極吸引外資，推動出口產業的發展。經過十多年的努力，經濟發展有了相當豐碩的成果，尤其沿海一帶，人民生活水準提高，社會購買力增強。中國大陸的優勢條件是低廉而充沛的勞工，豐富的原料，其弱勢是資金短絀、技術落後。如果和外來的資金及技術結合在一起，必會產生一種比較優勢，而利用此比較優勢所生產的產品，在國際市場必具很高的競爭力。在比較各區域的工資水準之後，我們發現中國大陸的工資水準比南歐、墨西哥、東南亞國家要低，至於勤奮程度，則比這些地區要高，況大陸的土地成本低，原料價格也不高，這些都會使生產成本降低，增強其比較優勢。

對於中國大陸，日本人費了二十年的研究，韓國人也費了十年的探索，乃於最近二年內開始對大陸積極投資，因爲他們認爲利用大陸的廉價勞力所生產的產品，在國際市場上，比利用其他地區的低廉勞力所生產的產品，更具競爭力。更重要的，它們想藉此機會打進大陸的內地市場，並佔一席之地。

回頭看看臺灣，近年來，我們的勞力不再低廉，也不再充沛，致我們的工資水準比墨西哥、南歐的國家，以及東南亞的國家都高，而在四小龍中，我們的工資水準也比韓國、香港和新加坡爲高。我們所具有的比較優勢也難與北美自由貿易區和歐洲單一市場所創造的比較優勢相抗衡。況且最近六、七年來新臺幣大幅升值及投資環境不佳，更削弱了產品在國際市場上的競爭力。正因爲這些因素，許多中小企業爲了生存，便紛紛出走。他們最先選擇的是東南亞的國家，後因體驗到東南亞的投資環境尚不及中國大陸，於是有不少廠商便轉移到大陸。他們並非不知道分散風險的道理，但是有能力到北美自由貿易區或歐洲單一市場設廠生產的廠商爲數畢竟不多。

## 二、我們需要明智的選擇

目前我們正爲兩個問題所困擾：⑴產業空洞化問題：不少人質疑，很多中小企業到海外投資，有誰還會在臺灣投資？這樣一來，豈不是要產生產業空洞化問題？這種憂慮不無道理。⑵大陸投資熱問題：部分人士認爲對大陸投資無異於幫助敵人，削弱自己，因此需要使這種熱潮冷卻。這種論調並非全無理由。對於這兩個問題，必須在觀念上加以釐清，否則會擾亂我們的決策形成。

先就產業空洞化來說。當一個國家發展到富裕階段，而有大量的儲蓄時，如果國內投資機會不多，海外投資便是唯一的出路。否則，它會產生兩年以前臺灣發生的金融狂飆現象。尤其像我們這種海島型經濟，本身不能自給自足，對外貿易仍然是經濟發展的主導力量。如果無海外投資，不但無法掌握生產資源，也不能利用其他地區的比較優勢。事實上，對外投資不但會增加兩國貿易，也會衍生其他產業。故對外投資絕不是產業空洞化的唯一原因。要使產業不空洞化，首在於要有良好的投資環境，使業者樂意留在臺灣。同時，要不斷地提升技術水準。只要技術水準能夠提高，它不但可抵銷工資上漲的壓力，而且有能力使海內外投資結成一體。在此情形下，何懼產業空洞化之來臨？至於到中國大陸投資，那是業者基於比較優勢考慮的結果，政府很難提出有效的措施來制止。企業家對投資的任何決定無不經過周延而細心的考慮。他們該知道何處可投資，何處不可投資。如果日韓的業者掌握了大陸的生產資源，也就掌握了大陸的比較優勢，除非我們能生產高科技的產品，以我們目前的技術水準而言，很多產業的產品都難以同日韓利用大陸生產資源所生產的產品相競爭。

值得我們注意的，今日的中國大陸已不同於兩年前的中國大陸，更不同於十年前的中國大陸。由於經改與開放政策的推行，大陸同胞的觀念在變，而中共的經濟制度亦在變。這種變有利於私有財產制度的形成，更有利於市場經濟機制的建立。如果大陸的經改與開放政策再推行十年，我們相信海峽兩岸的生活方式與經濟制度不會有太大的差別。那時兩岸交流會更加頻繁，在取長補短的情況下，兩岸經濟會同步發展。

今天我們需要的是冷靜的思考，不應爲一黨之私而短視；我們需要的是明智的選擇，不應爲偏激的意識型態所矇蔽。我們需要掌握時機，不應徘徊不前而致終生懊悔！我們需要團結自強，不應相互攻伐，削弱自己的力量。對未來，我們必須放大眼光，如果不能把握未來發展趨勢，過去四十年所締造的「經濟奇蹟」很快就會成為「歷史陳跡」，不再復現。

（原載《工商時報》，民國八十一年八月三十一日）

# 臺灣經濟的處境及因應之道

目前，大家心中所關切的問題包括下列諸方面：臺灣所面臨的是怎樣的局面？經濟如何定位？未來處境及因應方法如何？面臨何種挑戰？我們的未來展望如何？是悲觀抑是樂觀？悲觀的道理何在？樂觀的原因又是什麼？我們將從這些方面作說明。

## 一、保護與競爭並存的國際經濟局面

今天我們所面臨的是一個競爭的世界，特別在最近十年，明顯地產生了兩種現象，一是區域主義的形成；一是保護主義的擡頭。

㈠區域主義的形成：美國和加拿大，三年前已簽訂自由貿易協定，墨西哥今年亦將加入，北美洲已形成新的經濟區域。由於我國出口大部分集中此一區域內，故此一變化，對我經濟發展會有相當大的影響。

西歐地區在一九九二年變成一個單一市場，其性質和自由貿易區類似。在此一市場內，貨幣是統一的，所有關稅障礙被排除。該地區亦為我國外銷之主要市場，對臺灣的出口也將造成某種程度的影響。

經濟區域內之會員國，彼此之間可以完全自由貿易，沒有關稅和非關稅障礙，在自由交流下，生產因素得以發揮最有效之運用，就業水準不僅能提高，國民所得也會相對地大幅增加。

㈡保護主義的興起：單獨一個國家與經濟區域國談判時，常處於劣勢地位，且享受不到平等的待遇。談判結果會對處於劣勢地位的國家不利，保護主義色彩便在經濟區域國自然產生。已開發中國家如日、美、西歐各國，一般而言，對本國農業都有某種程度的保護。另外對於已處劣勢而無法與開發中國家競爭的產業也常採取保護措施，如美國所實施的配額制度就是一種保護主義的產物。

開發中國家對本身之工業也會加以保護。例如原材料供應國如馬來西亞、印尼、菲律賓等為保護其原材料已禁止自由出口，而規定必須留在國內作初級加工後才可以出口，藉以提高產品的附加價值，促進其加工業之發展。

㈢國際競爭陣勢：依國家開發程度之不同，可分爲三種類型：

1. 已開發中國家——如日本、歐美及澳大利亞各國。
2. 新興工業化國家——如中華民國、韓國、新加坡等。
3. 開發中國家——如非洲、中南美及東南亞各國，另外包括獨立國協及部分東歐國家。

其彼此間互相競爭的陣勢如下表：

| | 已開發國家 | 新興工業化國家 | 開發中國家 |
|---|---|---|---|
| 已開發國家 | 11 | 21 | 31 |
| 新興工業化國家 | 12 | 22 | 32 |
| 開發中國家 | 13 | 23 | 33 |

表中「11」表示已開發國家同已開發國家競爭；「12」表示已開發國家同新興工業化國家競爭；「13」表示已開發國家同開發中國家競爭。其餘類推。

國際競爭優勝劣敗的主要因素爲工資水準及技術水準的差異。

表中「12」表示工資低技術高：產品一定物美價廉，在國際上具有競爭力，銷售無往不利。

「22」表示工資低技術低：缺點是產品品質差，優點是價格便宜，由於貧窮國家對該產品需求仍大，因此仍可順利銷售出去。

「11」表示工資高技術高：產品品質良好，價錢雖高，銷售也不會有問題。

「21」表示工資高技術低：產品價格高，但品質低劣，屬夕陽產業，其產品無競爭生存能力。

| | | 工資水準 | |
|---|---|---|---|
| | | 高 | 低 |
| 技術水準 | 高 | 11 | 12 |
| | 低 | 21 | 22 |

㈣國際資金需求殷切：

1.一般開發中地區——外滙少、外債高是一般開發中國家共通的現象，中南美洲的巴西外債達一千多億美元，墨西哥累積了九百多億美元，阿根廷也有四百多億美元，因爲經濟沒有成長，償債能力不足，非但不能還本，也無法付息。亞洲地區的韓國外債高達四百多億美元，鄰國菲律賓外債亦有三百多億美元。因此這些國家都迫切需要國際資金的挹注。

2.前共產主義國家——東西德統一後，德西提供大量資金來重振德東的經濟發展。東歐的捷克、南斯拉夫因種族衝突及內戰頻繁，需要仰賴國外資金援助，其他如羅馬尼亞、波蘭、保加利亞等國，亦在在需要外來投資以重建國內經濟。中國大陸實施經改後，成就已逐漸呈現出來，惟仍需擴大吸引國際投資，其中又以來自美、日、香港及臺灣之投資金額最爲龐大。

國際資金總是需求多，供給有限，直接影響到利率的水準。美國爲解決經濟不景氣，曾幾次降低利率；德國卻擔心通貨膨脹而堅持不降低利率。事實上，降低利率似乎不能完全解決全世界對資金殷切的需求。

## 二、臺灣的經濟處境

經通四十多年的努力，臺灣經濟發展的成就，主要的特徵爲：

1.過去四十年平均經濟成長率達百分之八・八，全世界無一地區或國家可以相比或凌駕其上。

2.所得分配平均。從民國四十年至六十九年，臺灣的所得趨向平均化。惟近十年來，所得分配有惡化現象。但這種現象在經濟發展過程中是很合理的現象。因爲，經濟愈發達，對專業技術人才的需求就大，他們的待遇就會大幅提高。同時爲了激勵工作意願及冒險精神，會將待遇提高。在這種情況下，所得分配不均，在某種程度上，也是一種合理的現象。

3.失業率低。民國八十年僅有百分之一・六，四十年平均失業率僅有百分之二・一。失業率低，社會問題因而減少。

4.溫和的通貨膨脹率。其中四十年代較高，五十年代低，六十年代逢兩次能源危機故較高。近十年來，單看躉售物價指數的變化，幾乎沒有通貨膨脹，依消費者物價指數來觀察則僅百分之三而已。

5.政府擁有健全財政。三十多年來，政府財政無赤字，亦未大量發行公債。

6.龐大的外滙累積：這些外滙存底對國家助益頗大。

臺灣當前的經濟處境是什麼呢？可以從下列七點來加以探討。

㈠**正面臨政治上的權力轉移**：就近年情況而言，政府權力運作已失去效率。政治權力已由過去一黨執政演變爲兩黨競爭局面，而在權力調整過程中，常有騷動現象發生。

老一輩立委全部退職之後，原以國家利益爲主的立法院，似已淪爲爲個人利益及利益團體之利益之爭，立法功能及議事效率已大打折扣。例如捷運系統的建立，西方國家一般只要三至五年即可完成；在臺灣，從規劃到建築完成則須花費八至十年才能完成，顯示政府在權力行使上，已漸漸失去效率。

㈡**正面臨利益團體的調整**：它已使政府決策目標扭曲。

所謂民主政治指的是議會政治，即是利益團體互相議價的政治。西方國家政治在正常運作之下，雖有很多的利益團體存在，但是很容易地找到平衡點。臺灣正處於民主政治發展初期，一時之間，仍難以找到平衡點。

於是，多數利益團體代表的是少數人的利益，此種利益團體對於政策起了很大的作用，非但影響政府決策，同時也使決策目標遭到扭曲，甚至迷失了方向。

㈢**正面臨激烈的國際競爭**：技術無進步的產業會遭到淘汰。

1.與韓國的競爭——臺灣和韓國同以美國爲主要外銷市場，外銷日本的產品亦屬同類性質，兩國的貿易量互呈消長關係，韓國成爲臺灣最強的競爭對手。

2.與東南亞的競爭——東南亞國家利用其低廉的工資，購置與我相同的機械設備，發展勞力密集產業。由於產品價格低，於國際上已具有相當大的競爭能力，臺灣屬勞力密集之產業，在國際市場上，已漸失其比較優勢。

3.與大陸的競爭——近幾年來，大陸許多產業已發展起來了，尤其是勞力密集產業，用的是同類型機器，生產的是同類型的產品。由於大陸勞資低廉，臺灣十分昂貴，就某些產業而言，臺灣已非大陸的競爭對手。

㈣正面臨產業的升級：一般而言，產業升級是由勞力密集發展到技術密集，由農業轉型為工業（製造業）或第三級產業。目前臺灣對農業有相當程度的保護，工業（製造業）的出口則面臨國際激烈競爭，因此產業升級問題，顯得格外重要，產業若不能升級，則產品出口競爭力將變得十分薄弱。

1. 硬體技術的升級——即生產技術的升級。

2. 軟體技術的升級——即管理、設計及行銷技術的升級。

臺灣企業百分之九十八屬中小企業，過去憑著低廉的工資、新的機械設備和較高的生產效率，得以擁有競爭優勢，如今臺灣工資高漲，（約為泰國的七倍、馬來西亞的八倍、印尼的十倍、菲律賓的十二至十三倍。）臺灣的勞力密集產業已為東南亞國家所取代，競爭優勢似已不復存在。在失去比較利益之後，臺灣中小企業無力或無興趣作產業升級的努力，只好從事海外投資，把產業往外移，否則會遭到淘汰的命運。

推動產業升級的有效方法，從二方面著手努力：

1. 擴大發展科學園區的功能和規模——新竹科學園區的設立，吸引很多高級技術人才。

設廠生產高科技產品，對帶動臺灣產業的升級貢獻良多。今後應再積極發展，並由中山科學院、技術工業研究院等單位貢責配合推動產業升級工作。

2. 教育的配合——西方大學的研究所都有創造發明，臺灣各大學的研究所除了撰寫論文外，技術改進和發明方面卻很少見。臺灣高等教育若能密切配合技術的升級，則產業升級才能有基礎。

㈤**正面臨技術人才的競爭**：在國內，公營企業與民營企業有人才之爭，惟人才不論用於何處，大體上均爲國家所用，故影響層面不大。

在國際上，人才的競爭已呈白熱化現象。過去四十年來臺灣出國留學的人數每年達五千至一萬人，他們迄今都已擁有很好的技術和經驗。近年來，大陸、香港、新加坡等地區都以高薪延攬，這批人才日後勢必變成我們的強勁競爭對手。今後臺灣若不能加倍努力，引進技術人才，對產業升級將產生相當不利的影響。

㈥**正面臨資金選擇的競爭局面**：不論是在國內或國外，資金是定量的，均具有相互消長及排擠效果，且都是往投資最有利的方向移動。資金選擇不同的投資工具亦會產生不同的局面。如前幾年資金大量投入股票市場，造成了股市空前的騷動，甚至演變到不可收拾的動亂現象。

㈦正面臨區域組合的考驗：臺灣爲貿易出口導向的經濟型態，而各區域組合，無論北美，西歐或亞洲的共同體，莫不以政治前提作考量，臺灣和這些區域因無正式外交關係，所以在對外貿易上亦面臨了相當大的考驗。

## 三、我們的因應之道

㈠基本問題：投資環境的好壞問題。

企業爲什麼要選擇海外投資，將產業外移而不願意留在臺灣呢？個人爲什麼移民國外，而不想再留在臺灣呢？關鍵應在於我們的投資環境已經惡化，我們的生活環境欠佳。

1.政治局面——沒有安定的政治局面，國家經濟就沒有發展，十幾年前中南美洲的許多國家已進入已開發國家行列，但是今天卻又回到開發中國家行列。政治的不穩定是其經濟沒有發展的主要原因。

我們的鄰國菲律賓三十年前比臺灣還要來得繁榮進步，當年還有人留學菲律賓再回國任教的，而三十年後的今天，菲律賓經濟因政治局面呈現混亂局面，而停滯不前。現在菲律賓大學畢業的女子，爲了生活還來臺灣當下女打工。政治局面是否穩定，對經濟發展影響甚鉅。韓國情況亦是如此。當朴正熙總統遇刺身亡後，政治局面不穩，致當年經濟成長率應爲百分之八，卻下降百分之五，由此可見政治不安對經濟發展之不利影響。

這幾年，臺灣有臺獨、勞資糾紛、環保、示威、罷工等社會活動，政治局面也變得不夠穩定了。因此移民的移民，產業出走的出走，使我們的經濟發展也受到不利的影響。

2.社會治安——自從戒嚴法解除以後，大家都擁有充分的自由，同時似乎也擁有過多的自由。社會治安好，企業家不需要再支付其他的成本，但是有了勒索撕票案件後，人們生命缺乏安全保障，企業家必須額外負擔這筆不能算入會計帳的成本。試想社會治安惡化，有誰敢再留在這個社會？企業家又怎能繼續在臺灣投資呢？

3.公共設施——有完備的公共設施，對產業發展才有助益，臺灣過去有十大建設、十二項建設，當時公共設施尚稱足夠。今日臺灣道路擁擠不堪，電力供應亦顯不足，公共設施之不足已大大降低了生產效率，六年國建的推動已刻不容緩。

4.行政效率——隨著業務的電腦化、自動化，在正常情況下，行政效率應該更迅速更有進步才對，惟事實不然，立法院對舊法令的修訂、新法律的創制，其效率之低落是有目共睹的。郵政服務方面，從前由臺灣寄信到美國，三、四天即可寄達，目前反而要花上三、四個禮拜時間。人爲因素使行政效率不進反退。

5.生產因素供應問題

①土地——臺灣土地價格目前雖有百分之二十至百分之三十的跌幅，但與五年前相比，房價漲幅仍高達三至五倍。至於土地價格，北部地區上漲十倍左右，中南部也有漲一百倍的。

土地價格的暴漲，使想買土地開工廠的企業，或想租屋作門市生意的人無力負擔暴漲的租金，於是不少企業出走國外。同時近年來所得分配也有惡化現象，大學教授終其一生的薪水還買不起一棟位於臺北市三十五坪左右的房子。土地價格暴漲的確是一項棘手的問題。

②勞工——臺灣工資上升速度很快，今年達百分之十三・三，而生產力成長只不過百分之七・五而已，惟勞工仍有短缺現象，尤其是建築部門，一天工資一百美金，約等於臺幣二千五百元，仍無法雇用到所需要的建築工人。解決之道，唯有引進合法的外籍勞工，至於大陸勞工是否引進，朝野雙方仍有爭議。

③資本——臺灣的資本是相當豐富的，人民的高儲蓄率是主要原因。臺灣毛儲蓄率曾經高達百分之三十九，通常每年都能維持在百分之三十左右，世界上沒有其他國家可以相比。至於資金是用於生產事業方面，抑或是用於投機炒作方面，其結果差異很大。

(二)因應之道

1.儘速改善投資環境——投資環境的惡化，產生了企業出走問題和產業空洞化問題，因此基本的投資條件必須及時加以補救和改善。生活環境的改善亦十分重要，臺灣畢竟是大家土生土長的地方，有好的公共設施和社會治安，人民自然而然地會把根留在臺灣。

2.徹底解決土地問題——民國四十年的第一次土地改革之所以成功，係因爲當時擁有土地者並非決策者，土地問題能被輕易地解決。今天臺灣是土地私有制度的社會，土地大部分掌握在私人手裏，部分擁有土地者同時也是政府的決策者，他們絕不會輕易地犧牲自己的土地利益。要能順利達成二次土地改革，就愈來愈困難了。

反觀大陸方面，土地屬於國有，政府擁有支配權，土地問題較小。假設要規劃一條四百公里長的高速公路，大陸在二、三年可以完成，臺灣可能要花上七、八年時間才能完成。

土地問題若不能順利解決，很多問題也都無法解決。依個人主張，政府未來對公有土地不再出售，而改採換地或出租方式，因爲政府擁有較多的土地可以支配，日後才不至於必須付出更高的代價去取得土地。

3.加速技術升級——任何產業只要能保持技術的不斷升級，就不會變成夕陽產業或落後產業，如何引進高科技人才和技術，加速我們的產業升級，爲當務之急。

4.妥善處理對大陸投資問題——一九八〇年以前大陸施行計畫經濟，吃的是大鍋飯，物質全由政府分配，且都屬公營事業。一九八〇年以來大陸採取開放政策，施行的是計畫經濟與市場並存的制度。最近，中共宣佈要實施所謂的「社會主義市場經濟」。事實上，這就是市場經濟制度。

近幾年來，臺商投資大部分集中於沿海一帶，主要的是爲大陸「創滙」，如今大陸外滙累積已達美金四百五十億元，因此政策上乃開放內陸投資，不再需以外銷爲條件。如此優厚投資條件，將會吸引更多的外人或大型企業去投資。

大陸近幾年變化之快速，令人難以想像。外滙增多，窮的景象不見了。以投資優惠條件來說，未來北方比南方條件好，西部比東部條件好。此種改變對臺灣大型企業有很大的吸引力。

5.加強法治——法律之前人人平等。目前社會上法治非常薄弱，治安不好，政治也變得不安定，法治觀念亟待建立。同時，社會愈進步，愈需要法治加以規範，唯有加強法治，我們的社會才會有秩序，才能井井有條。

## 四、結論與展望

## ㈠我們的優勢

1.自由發揮的環境——在無限制下，企業家有很多機會可以自由發揮，個人也可以發揮自己的才能。臺灣畢竟還是一個可以自由發揮的環境。

2.堅韌的應變能力——回顧三年前，臺灣是一片金融狂飆。很多人不願當老闆，工人倦於工作，教員無心上課，家庭主婦走出家庭，大夥都投入股票市場，加上六合彩、大家樂的盛行，臺灣社會到處彌漫著投機風氣，眞可謂「無人不賭，無處不賭，無時不賭」，當時臺灣前途是悲觀的，令人憂慮的。

如今股票暴跌，地下投資公司倒閉，我們社會似乎沒有產生任何嚴重問題，勞工、學生運動、環保抗爭，以及立法院的肢體衝突等等，也漸漸緩和下來，臺灣社會的應變能力強得令人難以置信。

滙率由一美元兌換四十元新臺幣，一路升值到一美元兌換二十五元新臺幣，換言之，一百元的東西如今需以一百六十元出口，競爭力大大降低，照道理中小企業非倒閉不可，但事實上較我們的想像要好得多，中小企業並未發生嚴重倒閉，有很多業者到海外投資，尋得企業的第二春。

此外，我們的失業率低，約在百分之一・三，亦即沒有失業問題存在。人民十分富有，每年臺灣出國觀光或考察的人口達四百萬人，約佔臺灣二千萬總人口的五分之一，這是連美國、日本都沒有的現象。政府財政無欠債、無財政赤字，且有龐大的外滙存底，使臺灣經濟發展較無後顧之憂。綜合上述因素，可見臺灣擁有堅靱的應變能力，無論社會經歷何種大的變動，都能夠迅速調整過來。

### (二)我們的憂患

1.分離意識的行動化——過去大家同舟共濟，辛勤工作，致有小康之境。今後，切莫爲個人政治利益，而搞分離運動。分離意識是可以存在的，但如果把分離意識行動化，必會破壞國內團結，招致外人之攻擊。

2.工作倫理的潛在危機——日本人是熱中於工作的民族，其自動加班的工作精神值得我們學習。美國經濟之所以漸走下坡，工作熱忱不足是主要原因。有人開玩笑說，不要購買星期五及星期一出廠的美國汽車，原因是美國人一心想度假，到週五已無心上班，週一剛度假回來還沒有樂完，上班會心不在焉，所以該兩天出廠的汽車也會品質不佳，最好不要購買。

俗語說「富不過三代」，臺灣年輕一代，似乎對現實不甚滿意，也缺乏工作熱忱，希望這一代的年輕人，能和上一代一樣，吃苦耐勞，努力工作，勤於學習，避免「富不過三代」的循環。

㈢我們的期望和努力：保持繁榮的臺灣。

要保持臺灣繁榮的局面，須保持過去發展的成果。爲此，光靠政府有限的力量是不夠的，必須依賴每個人的繼續努力與奉獻。期望十年之後，臺灣能變成一個非常富庶而祥和的地區，而臺灣經濟成爲能使全中國經濟發展的「酵母」，使大陸跟著我們奔向向自由、民主、均富的境界。

（此爲民國八十一年十一月間在國泰公司所作之演講，由葉宗雄先生整理而成，並刊於《國泰信託季刊》，八十一年十二月）

# 如何揭開一九九〇年代的序幕

一九八〇年代已經過去了。在這個年代，雖然我們遭受到內外的衝擊，但臺灣經濟的表現，在開發中國家仍屬優等生。它不僅使經濟平均保持百分之八的成長，而且幾無通貨膨脹現象，失業率也相當的低。惟稍令人躭憂的，乃國民所得分配現象，在最近三、四年有惡化的傾向。

一九九〇年代該是個什麼樣的年代？首先要指出的，全世界共產主義制度沒落，自由民主得到世界各地普遍發展的機會。東西兩大勢力的軍事衝突將消失不見，代之而來的是國際市場的擴大，貿易競爭程度的增強。歐洲國家的勢力要崛起，這不僅僅是西歐單一體的出現，而是西歐與東歐的密切合作。這種合作包括東歐勞力的西移、西歐資本的東移，這會使整個歐洲經濟力量增大，國際競爭力增強。

可預料的，一九九〇年代歐洲經濟成長率要超過一九八〇年代。北美雖然已形成自由貿易區，但對整個世界經濟的影響力較前要減弱。東亞的日本和歐洲的德國在一九九〇年代末，將成爲整個世界經濟動向的主導力量。東亞地區的經濟發展仍將放出耀目的光彩，它不但保持最快的經濟成長，也是全世界投資眼光注視的地方，因爲它不僅擁有豐富的天然資源、勤奮的勞力，而且還有較優良的投資機會。

作爲東亞一成員中的中華民國，在亞洲乃至世界，該扮演什麼角色？一種可能是：除香港、日本和新加坡外，它是亞洲區經濟自由化最早的國家，它也是在東亞從事海外貿易最多的國家。更重要的是，它將是影響中國大陸經濟蛻變最有力的力量。另種可能是：如果沉湎於過去所締造的榮耀不再振作，人們瘋狂地追逐金錢遊戲，不再從事生產事業，處處呈現保守、自滿和頹廢，那麼，它會成爲一個製造業空洞化最早、社會秩序最紊亂、經濟成長率最低、在國際競爭中首先被淘汰出局的國家。

對我們而言，一九九〇年代是個詭譎多變的年代，危機與轉機同時存在，我們該採取什麼樣的策略，作何種努力，來揭開它的序幕？

㈠切實推動經濟自由化的策略：自一九八五年，政府提倡經濟自由化以來，由於政府當局的管制心態，企業部門之被保護心態，社會不滿份子「愛拼才會贏」的冒險心態，以及年輕一代「一夜成富」的猴急心態，經濟自由化的腳步顯得遲疑、紊亂而無力。

爲了因應貿易對手國與我們的「公平貿易」的要求，爲了提高國內產業的國際競爭力，經濟自由化的策略，必須予以有步驟的實施，諸如關稅稅率的降低、非關稅障礙的消除、公營事業民營化（不再具獨占力量）、金融業自由化、服務業自由化等，應以有效的措施來推動，也應有適當的措施來消除那些不利的衝擊。

**㈡落實自由民主統一中國的鴻圖**：多年來，我們倡言「三民主義統一中國」，也就是使中國各地區統一在經濟自由和政治民主的基礎上。但是，因爲我們缺乏積極的做法，乃使它成了一句口號。今日中國大陸，外受東歐及蘇聯共產主義制度蛻變的影響，內受民運力量的激盪，中國共產黨政權所堅持的四個原則，已受到嚴重的考驗，而這四個原則正是蛻變爲自由民主制度的最大障礙。面對這一情勢，我們如何將自由民主的種子散播在中國大陸？顯然，過去所採行的政策多不適用，應檢討修改，使其符合實際需要。例如對大陸的貿易與投資，應有一套具長期效益、深遠影響的措施。我們相信，人民生活的改善，教育程度的提高，會增強對自由民主的要求而非減弱。

過去四十年，臺灣經濟發展的成果，足可作爲大陸同胞追求經濟自由的希望與見證。我們應利用各種交流的方式，使大陸同胞了解臺灣，也藉此了解西方世界，從而增強其對自由民主追求的信心。相信，假以時日，中共政權必將像蘇聯、羅馬尼亞一樣，失去獨占政治的力量，還自由民主予人民。

㈢積極改善投資環境：最近四、五年來，臺灣社會發生了很多問題，諸如臺獨問題、環保問題、勞工問題、金融狂飆問題、地下投資猖獗問題相繼發生。而這些問題迄今未獲徹底解決，致對投資意願產生了極爲不利的影響。例如環保問題未獲解決，產業發展受了阻撓；勞工問題未獲解決，工資大幅上漲已超過其生產力；金融狂飆未獲解決，導致投機風氣盛行，房地產價格暴漲，惡化所得的不均化分配，也不利產業的進一步發展。

由這些問題所引發的資金外流，使人產生製造業空洞化的隱憂。職是之故，積極改善投資環境，不僅關係臺灣的工業發展，更關係臺灣的經濟繁榮。因此，政府應大刀闊斧，維護社會治安、制定有效土地政策、合理化納稅制度、現代化金融體系、提供完備的公共設施、合乎時代需要的法令規章，以及符合社會與經濟發展所需要的教育制度。

㈣儘速提高科技水準：因應未來的競爭局面，最有效的策略，不是抑制工資的上漲，及對出口產業的補貼，而是生產力的提高。提高生產力有很多途徑，科技水準的不斷提升爲最重要的一種。臺灣的勞力已有短缺的現象，而工資上升幅度之大，非原有生產能力所能容納，故對技術密集產業的發展，自動化生產程序的引進，感到更加殷切。提高科技水準可分途並進，一爲國內教育與訓練的加強，一爲外國科技專家的延聘。前者強調紮根的工作及吸收科技的能力，後者是引進科技最有效的方式。

對於延聘外國科技專家，我們可以有計畫地聘請剛退休的日本和西德的基礎科技人才來臺灣，診斷生產作業並予以指導；也可聘請在外國的華裔科技人才，以定期或短期方式，參與國內各產業的研究與開發工作，同時，購買外國高科技工廠及研究機構，也是引進科技的最有效方式。除此，科技水準的提升，也是解決勞工問題、產業空洞化及環保問題的有效途徑。

**㈤加强人文精神教育**：當一個國家由貧窮到富有時，往往會出現人文精神沒落、功利主義膨脹的現象。目前臺灣正面臨這種困境。人們爲了追逐個人之利，無所不用其極，而爲了滿足各種慾望，其行爲幾與禽獸無異。社會上到處呈現投機取巧、你爭我奪、父子相惡、兄弟成仇、人羣關係冷漠、社會倫理蕩然的現象。在這種情況下，儘管經濟成長率再高，人們的幸福反而愈來愈少。爲了糾正這個傾向，必須加強人文精神教育。而加強人文精神教育，須使家庭、學校與社會三方面的教育相結合，同時應培植「能盡義務，始享權利」的觀念及「能容異己，始談民主」的胸襟。

進入一九九〇年代，我們不僅要確保臺灣的經濟繁榮、人民富裕而自由的生活，更要使臺灣經濟發展的經驗，成爲開發中國家發展經濟的借鏡。

對於那些願接受我們協助的國家，我們儘可能授予他們如何發展的技術及成敗的經驗，對於中國大陸，我們要謹愼，但要積極；我們要小心，但要主動。用經濟的力量進軍中國大陸，不僅僅是爲了那個龐大的市場，也是爲了改善大陸同胞的生活環境。希望未來十年，是我們在大陸播種的時期，自由民主的成果能在二十一世紀來臨前收穫。

（原載《黄河雜誌》二十二卷二期，民國七十九年三月）

# 臺灣經濟形勢與投資環境

## 一、前　言

最近六年，整個世界發生了巨大的變化，諸如共產主義國家的解體、德國的統一、波斯灣的戰爭、中國大陸經濟的突飛猛進、北美自由貿易區的建立、歐洲單一市場的形成，這些浪潮在在衝擊每一個國家的經濟發展。作爲世界經濟的一份子，臺灣經濟也起了相當大的變化，除受外來的衝擊，也有來自內在的政治與社會因素，致使臺灣經濟，像突然成熟的年輕人一樣，一方面要適應周遭的環境變遷，另方面也要處理本身所衍生的各種問題。今天，我要向各位報告的就是臺灣經濟形勢與投資環境。在臺灣經濟形勢面面觀中，我要說明最近六年臺灣經濟之蛻變與應變，在蛻變中所獲致的經濟發展成果，以及對未來的展望。在臺灣投資環境中，我要對臺灣投資環境作一評估，同時要說明臺灣經濟具有之特質，以及臺灣在亞太地區扮演之角色。

## 二、臺灣經濟形勢面面觀

㈠最近六年臺灣經濟之蛻變與應變：最近六年，臺灣經濟所受到的衝擊是空前的，有外來的衝擊，也有內在的騷動。這些併發的衝擊與騷動，曾使臺灣的投資環境惡化、投資意願低落，甚至部分產業紛紛出走等現象，並引起國人對產業空洞化之憂慮。

在外來的衝擊方面，最主要的是由美國來的貿易壓力。自一九八〇年以來，美國貿易赤字節節上升，貿易赤字擴大的結果，使美國由債權國變爲債務國。美國貿易赤字之不斷增加代表美國的競爭力下降，事實上，美國市場不僅充斥日、德的商品，不少開發中國家的商品也在美國市場佔有一席之地。像臺灣，在一九八七年，對美出超就高達一六〇・四億美元，等於當年貿易出超的百分之八十六，可見對美出超對臺灣貿易出超所佔分量之大。在當時，對美國貿易出超最大的國家是日本，高達八百億美元，而臺灣居第二位。當美國貿易赤字不斷增大時，美國產業的生存與發展就受到威脅，於是美國政府就以三〇一貿易法案爲撤手錮，臺灣首當其衝，不得不敞開大門，讓美國的煙酒進口、火鷄進口、大量的水果進口。

臺灣貿易之出超，固然幫助中央銀行累積了前所未有過的外滙存底，但也爲新臺幣對美元的滙率產生了很大的壓力，那就是新臺幣的大幅升值，曾在兩年之內，新臺幣升值了百分之五十，這使很多出口產業在國際市場上失去了競爭力，影響了其生存與發展。

外來的衝擊如此，內在的騷動也不斷發生，一九八七年是政治解嚴的一年，也是勞動基準法實施的第三年。戒嚴法一取消，臺灣社會像脫韁之馬，出現了示威、抗爭、衝突、遊行、罷工等現象。環保運動發生了，勞工運動曾如火如荼，反對黨的抗爭，治安情況之惡化，使社會秩序幾蕩然無存。同時由於出超過高，資金充裕，利率暴跌，地下投資公司紛紛設立，他們搶購土地，地價爲之飛漲；他們投入股市，股價爲之暴升，地價曾在二年之內上漲五倍至一百倍，股價也曾由八百點升至一萬二千六百點。除此，賭風猖獗，到處可見。金融狂飆的結果，不但投機風盛，而且老闆、工人、教師、公務員爲買賣股票不安於公。

面臨內外衝擊，臺灣的產業何去何從？顯然，傳統的產業已無法繼續生產下去，因爲成本太高，況出口價格又因新臺幣升值而暴漲。這些產業的發展一向以國外市場爲它們主要市場。當在國外市場失去競爭力時，它們只有關閉工廠。正值這段緊張時期，東南亞各國正以優厚的待遇吸引外人投資，於是這些遭遇困境的企業便到東南亞各國投資，一時海外投資之風大盛，接著，他們又發現中國大陸同樣以優厚的條件吸引外資，由於語言無隔閡，文化差別不多，生活習性又近似，有不少臺商轉往大陸投資設廠。近幾年，甚至退休、退役的人，也以小量資本到大陸做起生意來。當越南採行開放與經改政策後，又有不少業者到越南去投資。這些到海外投資的臺商，既未受到政府的指示，也未受政府的鼓勵，完全在自動的情況，爲圖生存與發展，才到海外冒險另闢天地。

在短期內，海外投資使臺灣的對外貿易有了相當大的擴展，最明顯的例子是對東南亞的投資帶動了與東南亞各國的貿易，對大陸的投資，也擴大了兩岸的商品貿易。最近三年來，對大陸貿易出超，使臺灣貿易不致產生貿易赤字。在長期，海外投資過多是否會排擠國內投資？是否會導致產業空洞化？有不少人引以爲憂。

產業升級是一九八〇年代，朝野共同認識的問題。政府在這方面已訂定產業升級條例，鼓勵傳統產業在技術層次上能升級，同時對新興產業，亦即高科技產業積極加以開發。傳統產業因海外投資，而離開臺灣；而留在臺灣的，則是能在國際市場上有競爭力的產業，從出口內容上，可以發現高科技產品所佔比重愈來愈高。像一九八〇年代初所開創的新竹工業園區，設在裏面的企業都是高科技企業，它們對提升臺灣產業技術有很大的貢獻。

正當產業轉型期間，國際景氣欠佳，國內投資意願消沉之際，政府推出六年國家建設計畫，這個大型計畫的重點是：公共設施的大量興建，新興工業的推動，區域均衡發展及生活品質的提升。要完成這個巨大工程，據估計要花八兆二千億元，其數字之高，令人不敢置信。到現在爲止，這個計畫已執行了二年多。在這兩年期間，臺灣經濟仍能維持百分之六以上的成長（一九九一年爲百分之七・二四，一九九二年爲百分之六・〇六），六年國建計畫對刺激經濟活動產生了積極效果。一向以出口爲導向的臺灣經濟，近年來國內需求的成長，卻作了較大的貢獻。

六年國建計畫之進行並不夠順利，有兩個問題使其不得不向後遲延：(1)土地徵收問題：由於地價暴漲、地主惜售，致購地費時較久，且付出較高代價；(2)財政困難問題：最近二年財政已由剩餘變爲赤字，需要發行巨額公債才能挹注，但政府當局又不願使公債成爲財政的長期負擔，乃將六年計畫的執行時間向後延長。

儘管在一九九〇年以前，臺灣經濟內有騷動、外有衝擊，但是這些令人耽憂的現象，竟然很快的消失，或者成爲不足令人耽心的問題，諸如金融狂飆不見了、地下投資公司也不見了、股價由一萬二千六百點，突然跌至二千五百點，也使股市不再瘋狂，土地價格也下降了百分之二十至三十。治安情況到一九九一年便改善很多，有人喻爲這些現象對一個發展快速的經濟而言，正如青春痘之發生在正在成長的年輕人。當青春痘發過之後，也許留點疤痕，但無傷一個人之健康。臺灣經歷了這麼大的變化，其所以能很快的調整，又能很快的適應，乃是臺灣經濟發展，創造了「藏富於民」的社會，以及臺灣中小企業所表現的韌力及彈性。

㈡最近六年臺灣經濟發展成果：就以最近六年（一九八七至一九九二）而言，臺灣經濟表現，就國際比較而言，仍相當傑出。它的平均成長率爲百分之七・五六，一九九二年每人平均國民生產毛額爲美金一萬零二百一十五元，所得分配稍有惡化，但不嚴重，通貨膨脹率（以消費者物價指數變動率表示）平均爲百分之三・一〇，屬於溫性通貨膨脹，失業率相當的低，並未因部分產業外移，而有失業加重現象，事實上，臺灣勞工短缺一直是近年來的議題，對外貿易仍維持出超現象，不過出超金額已下降，在總貿易額中所佔比重也下降，至於外滙存底，就中央銀行持有部分，一九九二年爲美金八百二十三億元，在世界上居第二位，除此，臺灣無外債乃成爲債信最好的國家之一。

由於臺灣經濟表現卓越，乃成爲世界各國爭相結交的國家。雖然外交與國到一九九三年只有二十八個，但與臺灣建立商務關係的國家則在一百個以上。這些國家與臺灣互設商務辦事處、通航，而人民之間的來往絡繹不絕，甚至無邦交國家的官員來臺灣訪問的越來越多，希望臺灣成爲它們的貿易伙伴。同時，我們的政府，雖外交上處於孤立，無法參與國際組織，但仍鍥而不捨，願盡世界成員的責任，那就是以經濟合作的名義，援助需要幫助的開發中國家。

㈢臺灣經濟展望：過去的，已經過去了，但由過去可推測未來。在推測未來，有人持悲觀的態度，不過根據過去的趨勢，考慮到目前的情況，及未來可能發生的，有利的及不利的因素，我們的看法是審愼的樂觀。

在過去六年，臺灣經濟成長率平均爲百分之七・五六，未來七年，即從現在到二〇〇〇年，經濟成長率可維持在百分之六至七之間，要超過百分之七相當困難，因爲歐美市場已形成貿易堡壘，而臺灣的產業結構又在轉變之中，增加的各種社會成本尙未被技術進步抵銷掉，國際競爭力無法大幅提升，則是主要原因。至於通貨膨脹率，在未來七年，每年平均維持百分之四左右，失業率目前已降至百分之一・三，未來將會上升至百分之一・五至二・〇，諸如政府的裁減人員、公營事業之民營化、黨營事業之整頓，都是增加失業的原因。

## 三、臺灣的投資環境

投資環境包括條件很多，主要的有下列六項，諸如人力的供應、資本的供給、土地的供應、基本設施與法規的完備、社會治安與政局穩定情況。在人力供應方面，臺灣不再是勞力充沛的社會，非技術性勞動缺乏，但技術性勞動尚不缺乏。最近二十多年以來，由於九年義務教育的推廣，及對專職教育的重視，臺灣的科技人才，在數量仍很豐富。尤其最近十年，新竹工業園區的建立，吸引了大批的留美科技人才，他們對促進產業升級，曾提供貢獻。資本供應方面，臺灣儲蓄率原本很高，幾達百分之三十九，近年來已下降至百分之二十八，而且這些資本大多數握在人民手中。最近六、七年來，民間資本大量外流，主要爲東南亞國家、中國大陸和越南。同時六年國建計畫，因徵收之土地價格上漲，益使國內資金更加不足，因此仍需要外人投資。在土地供應方面，臺灣可用土地面積本來不大，近年來，土地投機相當熱絡，致土地價格暴漲，高達一百倍者，到處可見。不過，政府開闢很多地方爲工業區，讓各種企業移入，藉以解決土地癥結問題。基本設施仍處於不足狀態，爲改善投資環境，政府進行六年國建計畫，該計畫中，主要爲交通建設計畫。在社會治安與政局穩定情況方面，當郝柏村擔任行政院長時，社會治安有很大的改善，而破案率相當的高。至於政局，近四、五年來，曾有數度的不安局面，但不久即趨於平靜。目前臺灣也在調整其政治結構，政治上出現的摩擦尙屬於調整或彼此適應時所難免的現象。

以臺灣的投資環境同其他國家比較，仍是較可取的投資環境。根據最近美國國際風險評估公司所公佈的「五十國投資風險評估報告」，臺灣在投資利潤機會評等總分上高居第二，僅次於瑞士，且超過日本（《工商時報》，八十二年五月二十四日）。事實上，每個國家的投資環境都有些問題，從西方人的觀點，臺灣的投資環境不如國內人士所憂慮的那麼深。

## 四、臺灣經濟具有之特質

回顧四十年以來的經濟發展，臺灣是處在外患內憂的情況下進行的，它之所以有如此卓越的經濟表現，這種不良的環境毋寧是一種刺激，是一項挑戰。而臺灣之所以能接受這項挑戰，能承受這種刺激，且使其成爲奮發圖強的動源，主要是因爲臺灣具備了下列特質：

㈠憂患意識强：「居安思危」是古今明訓。一九五〇年代到七〇年代，臺灣海峽經常處於緊張狀態，古寧頭大戰、八二三炮戰所產生的威脅成爲備戰的主要理由；退出聯合國、中日斷交、所有工業國家的斷交，使臺灣外交陷於孤立的處境。這種憂患意識可使臺灣經常保持警覺，不致疏忽責任，沉湎於安適之中。

㈡應變能力大：「退出聯合國」對國人是一大打擊，中美斷交是另一大打擊，一九八〇年代後半期，臺灣所發生的金融狂飆、各種社會運動、政治抗爭等活動，表面上看，臺灣經濟會受到很大的打擊，可是，臺灣經濟並未因此而衰退，每年仍保持百分之七以上的經濟成長，尤其民間的表現更令人激賞。地下投機公司消失不見，社會並未因此而亂，許多中小企業出口困難，乃至東南亞各國投資設廠，近年來又轉至中國大陸，以尋求「第二春」。

㈢**科技引進快**：近十年來，臺灣的科技發展開始開花結果。最具體的，莫過於新竹工業園區的設立，它本身卽吸引了很多資本與技術，這有助於產業升級。仿冒是個不雅的名詞，五年以前，臺灣仿冒風盛行，而且仿冒之高明已達到亂眞的地步。由此可見臺灣科技人才品質之高。

㈣**人力素質高**：一九六八年以前，臺灣實施六年義務教育，一九六八年之後，則改採九年義務教育。在此時，專職教育人數與普通高中教育人數爲三比七，最近已改變爲七比三，表示專職人才供應對促進臺灣產業升級有幫助，復次，臺灣的勞動品質與其他國家相較，相當優良，能吃苦耐勞，致勞動生產力與已開發國家相較高，若以一九八〇年爲一〇〇・〇，到一九九一年時臺灣勞動生產力指數增爲一九三・二，美國增爲一三三・七，日本增爲一六五・七。以一九八一至一九九一年而言，臺灣勞動力年增率爲百分之五・九五，與世界其他國家相較，可說相當的高。

這些特質是臺灣克服困難、維持經濟成長的主要力量。

## 五、臺灣在亞太地區扮演之角色

從地理環境上言，臺灣爲西太平洋的樞紐，它有制衡海峽兩岸的力量；從經濟上言，它是亞太地區中有能力協助開發中國家的國家。臺灣的發展經驗，可作爲開發中國家的參考，因爲臺灣是從貧窮的狀態發展成爲富有的局面，從以農業爲主的經濟轉變爲以工商爲主的經濟，從以勞力密集的產業結構發展爲以技術密集的產業，這種發展過程正是它們必經歷的過程。

至於對中國大陸，臺灣經濟發展爲大陸經濟發展帶來曙光。若非臺灣發展成功的表現及四小龍之所以成爲小龍，中國大陸仍會是個人口衆多，且貧窮落後的地區。臺灣經濟發展的策略多數成爲大陸發展的教材。一九八〇年以來，大陸經濟政策所採取的許多措施多師法臺灣。尤其自一九八七年，臺灣開放對大陸探親、間接貿易及投資以來，臺灣與大陸的經濟關係日趨密切，而臺灣對大陸所產生的作用，可從下列諸現象得到瞭解：⑴赴大陸探親所帶去的美鈔及港幣對親友生活所產生的影響，⑵大批臺胞到大陸旅遊，去年高達一百五十萬人次，其對大陸旅遊業及旅館業的發展有很大的貢獻，⑶臺商到大陸投資，協助大陸開拓外銷市場，增加大陸就業機會。

## 六、結　語

臺灣經濟正由發展中階段過渡到成熟階段。因過渡而產生的各種社會經濟問題，曾困擾很多人，但這種困擾已逐漸消失，而人們能很快地調整，且適應新的環境。臺灣之所以能夠有如此快的調整，實由於臺灣之「藏富於民」政策之落實。在一個藏富於民的社會，人們有力量克服泡沫經濟所引發的問題。更重要的是，臺灣企業的應變能力非常強，在過去，無論國際環境如何複雜，而國內環境又如何變化，臺灣企業都能從危谷中找出新的道路。近年來，臺灣所推行的六年國建計畫是項龐大的工程，政府會全力以赴。六年國建計畫的完成，將為臺灣帶來更理想的投資環境，以及更良好的生活環境，從而使臺灣在世界舞臺上扮演更積極的角色。

（曾於民國八十二年六月十日及十一日，分別在香港及澳門的臺灣投資研討會上演講過）

# 貳、金融狂飆的後遺症

# 今夕，何夕？——是危機，還是契機？

七月下旬，經建會宣佈六月份的景氣對策信號綜合判斷指標變爲藍燈（表示景氣衰退），而八月十八日，主計處又宣佈今年臺灣經濟成長率將降爲百分之五・二三時，社會上有不少人認爲經濟黑暗期來臨，因而惶惶不可終日。傳播界固以此作爲新聞大標題，詳加報導，而工商界領袖也呼籲政府，採取緊急措施，挽救經濟頹勢。這些反應曾使很多人爲之焦慮，也使很多人感到迷惘。到底今天的臺灣經濟情況處於何種局面？是危機？還是契機？已成爲社會大衆亟需知道的答案。

## 一、評估當前經濟情勢的角度

過去四、五年，臺灣所經歷的政治上的騷動、社會上的失序、金融上的狂飆，已弄得人心浮動，投機風行。而其嚴重程度，雖不能說是絕後的現象，但可說是近四十年來罕見的現象。值得注意的，這些現象的最近發展如何了？如果仍在繼續發展，無疑地，將造成臺灣經濟發展的危機；如果其氣燄已見收斂，是否卽爲臺灣經濟發展的契機？我們需要從這個角度去評估，也許更有意義，也更具價值。

## 二、投資環境確在改善之中

投資環境之好壞是決定經濟發展的重要條件。投資環境惡劣的國家，很難產生好的經濟發展。過去四、五年，臺灣的投資環境確實是變壞了。國內投資意願低落，工業生產萎縮，大量資金外流，就是投資環境惡化的必然結果。今天，我們不妨冷靜地檢討影響投資環境的幾個國內條件是否有所改善，還是更加惡化。這對我們展望未來的臺灣經濟有很大的幫助。

㈠**政局穩定情況**：自戒嚴法被解除以來，臺灣的政局卽處於虛脫狀態。先是在野黨對執政黨的抗爭，弱勢團體的街頭示威、抗議、騷動，繼而執政黨本身權力分配的失衡，領導中心的欠穩等，均會使很多人對政府失去信心。然而，近幾個月以來，抗爭事件雖未完全絕跡，但發生的頻次減少，而表達手段也漸趨理性。至於執政黨本身權力的分配問題，自新內閣成立以來，也穩定下來。社會上大部分人對當前的政局有樂觀的看法。

㈡社會安定程度：隨著經濟的持續成長，社會風氣卻日趨敗壞，而治安情況已亮起紅燈。到處有搶劫，到處有敲詐，到處有姦殺。人民生命無保障，生活環境受威脅。社會上有辦法的人，爲求保命，紛紛移民他國；無辦法的人則終日恐懼不安。自從新內閣成立以來，由於治安法令的雷厲執行，執政當局的態度堅定，投機者爲之膽怯，枉法者爲之卻步，宵小之徒也爲之斂跡。街頭聚衆破壞的情事也大爲減少。在治安方面雖尚未達到十年前那種安定的境界，但較去年已改善很多。

㈢狂漲的房地產價格已大幅下降：臺灣都市土地價格，在三年之內，曾漲了十多倍，而房產價格也漲了三倍多，這不但帶動了房租的上漲，使房客無力負擔，也激起了工業用地價格的暴漲，使投資者不敢投資。房地產價格狂漲的結果，使擁有房地產的人都有「暴發戶」的心態，使未擁有房地產的人卻有「貧無立錐」之感受。這不但惡化了所得分配的不均，也增加了社會問題發生的機率。去年四月間，針對房地產價格飆漲的現象，政府採取緊縮貨幣政策，一方面限制房地產購買貸款，一方面提高利率。這一政策確已產生了抑制房地產價格飆漲的效果。最近一年來，房地產價格已下降三成多，而且出現了有行無市的現象。這種現象對投機於房地產的人不利，但對整個投資環境卻是有利的。

㈣金融狂飆現象消失：最近四、五年，臺灣金融狂飆的結果，不僅使臺灣成為投機者的樂園，也使臺灣成為豪賭王國。在金融投機瘋狂時期，地下投資公司達四百多家，用高利吸收民間資金，然後用來炒股票、炒地皮。而股票市場更成為追逐營利的場合，股價在三年之間從一千點漲到一萬二千多點，產生了很多暴發戶，很多工人不安於工廠工作，很多老闆不安於產品生產，很多公務人員不安於辦公，很多家庭主婦也不安於家務，紛紛投入股市，致製造業部門發生勞工短缺現象，特種營業的生意有了高度的繁榮。自今年二月中旬以來，股市狂飆現象開始冷卻，到八月下旬，股價已由二月十四日的一萬二千六百多點降到三千多點，降幅之大，亦屬罕見。這種暴跌的現象固然套牢了不少投機者，使其陷於困境，但也使社會風氣恢復了常態，使很多工作者回到了原有工作崗位。

從以上的四種現象來觀察，對臺灣經濟社會而言，**是由發燒而到退燒，是由迷亂而趨理性，是由投機而歸正常，應該是臺灣經濟發展再出發的契機而非危機**。如果是危機的話，所呈現的徵象應該是政局動盪不安，社會治安敗壞，地下投資公司仍繼續猖獗，房地產價格仍暴漲不止，而股價已越出二萬大關或邁向三萬點。但是，今天的事實並非如此。

## 三、臺灣經濟問題之所在

臺灣經濟是否沒有嚴重問題？臺灣經濟能否仍保持成長？從上面的分析，我們對臺灣經濟雖然樂觀，但並非毫無隱憂。也就是說，臺灣經濟仍有些嚴重的問題待解決。如果這些問題未獲妥善的解決，要想使臺灣經濟保持持續的成長，將是個相當困難的問題。基本問題乃在於競爭力的下降；而競爭力的下降導致工業生產的衰退，進而影響到整個經濟成長的下降。其實，臺灣經濟自去年起便呈現不景氣的跡象。例如去年的出口成長率僅爲百分之五・五一，到了今年上半年，幾無任何成長。對應出口成長率的下降，工業生產的成長率變爲負值。最近三年一直保持高成長的服務業，也因工業生產的不振，已開始減緩。至於農業生產，更無成長可言。從產業發展的觀點，有兩個問題值得我們重視。

㈠資金的大量外流：由於國內投資環境惡化，最近二、三年，資金外流的數額相當的大。去年流出的資金有一百五十億美元，今年流出的資金不會低於這個數額。流出的資金中，部分用來商業移民，或在外國購置房地產。像這兩種資金外流對臺灣的經濟發展無裨益。大部分流出的資金是用作海外投資，像這種資金外流，直接間接有利於對外貿易的推展，或技術的引進，或原材料的獲取。最近三年來，臺灣對東南亞出口貿易之大幅成長，與對該地區之海外投資有密切關係。

㈡**產業空洞化**：由於新臺幣對美金的大幅升值，以及國內投資環境之惡化，不少勞力密集的中小企業紛紛遷廠到東南亞各國，甚至中國大陸。這些工廠的遷出是否對臺灣工業發展不利？事實上，這些工廠已失去比較利益，在國內已無法生存；遷移到國外，不但還可利用其剩餘價值，更可建立外貿的灘頭陣地。**不少人憂慮到，這些工廠的遷移國外會造成國內產業的空洞化。答案如何，要看業者是否發展技術密集性產業，以填補勞力密集產業遷走後所留出的空缺而定。**

從主計處七月間所作的民營製造業投資意向調查結果，我們發現製造業設備增加率，七十九年爲百分之一六・七九，八十年爲百分之負一・四二。資本額在二億元以內的業者，其設備投資增加率，在七十九年和八十年均爲負債，但二億元以上的業者，仍有相當數額之投資，成長率卻很低。這顯示：產業空洞化雖不明顯，但投資不足則是事實。

在目前投資意願低落的情況下，政府應扮演更積極的角色，刺激投資，**而且使大量資金投向技術密集與資本密集的產業。否則，在國際上，我們就會陷於「夾殺困境」**。那就是說，如果仍依戀勞力密集產業，而在技術上不求上進，便會被開發中國家所追殺；因爲技術無進步，產品不能升級，在與已開發國家相競爭時，就會成爲它們「反傾銷」、「進口配額」的對象。如果是處在這種局面，夾殺困境便於焉形成。

## 四、突破「夾殺困境」的對策

爲了突破「夾殺困境」，除繼續改善投資環境外，我們需要在技術上求突破，爲了在技術上求突破，絕非僅傳統的低利融資政策和減稅免稅措施所能奏效。我們必須有一套引進技術，且使技術紮根的有效措施。

我們不妨將技術分爲兩級：一爲基礎技術，如工廠的技師所擁有的技術，通常是提高產品品質的技巧；一爲高級技術，如新的設計、發明、創新等。這是提供新產品，增加產品功效的技巧。唯這兩種技術的具備與密切結合，技術升級才有可能。

㈠**基礎技術的引進與紮根**：政府可利用部分外滙資產作基金，首先運用國內的人才，診斷工廠的缺失、需引進的基礎技術。然後根據各工廠的需要，聘請日本或西德的退休技師來臺灣，作實地指導及教練。同時，徹底檢討工業學校的教材，並予修改；更新實習的設備與工具，使所訓練出來的學生，能很快地接受外國技師的教導。如果這種計畫能被採行，且連續實施五年，臺灣的基礎技術必能生根。

㈡高級技術的引進與紮根：過去四十年，我們曾將大批的資質優秀的大學生送到美國去深造。這些留學生完成學業後，多留在美國工作。其中不少是優秀的工程師、傑出的科學家。對於那些剛剛退休或行將退休的科技專家，我們可用優渥的待遇，將其聘請到臺灣來，使其參與工業技術研究機構的研究工作，並與大學的研究所結合在一起。同時，政府應負責更新研究所的設備，使其符合需要。因爲這些返國服務的海外專家本身擁有豐富的經驗，毋需再付出「試試改改」的成本，故能在短的期間內，創造出可觀的成果。這是引進外國技術最方便、最經濟的途徑，而且對於促進技術紮根，也會產生較大的效果。

## 五、努力的方向

整個世界正在迅速的變化。最明顯的，乃東西兩大力量的軍事對抗已經結束，代之而起的，是區域主義的形成和國際貿易的激烈競爭。大家都理解到，區域主義含有保護主義的色彩。無論是爲了贏得貿易競爭的勝利，或突破保護主義的屏障，無不需要技術水準的不斷提高，國際競爭力的不斷增強。今天臺灣的經濟處境，如果單從臺灣本身來觀察，有些現象確令人憂心；如果從國際比較的觀點，臺灣經濟所擁有的優勢條件，尚非任何開發中國家所能比擬。因此，隨著國內投資環境的逐漸改善，只要我們能積極地，以有效的方法，繼續改善投資環境，提高技術水準，改善產業結構，開拓我們的經濟，相信今天的經濟處境不是危機而是契機。

（原載《經濟日報》，民國七十九年九月十八日）

# 金錢遊戲的源流與疏導

## 一、前言

人類有四大劣根性，卽貪性、賭性、淫性和鬥性。儘管文化在不斷的演進，文明在持續的提升，而科學在飛快的躍進，但人類的劣根性並未因此而消失，反而因工商業的發達、通訊工具的快捷，更加蔓延與滋長。

最近四、五年來，由於經濟的發達，臺灣出現了另一個奇蹟，卽「臺灣錢淹脚目」，正由於錢多了，便產生無處不在的「金錢遊戲」，使人類的貪性和賭性的發揮達到了極致，怪不得有人稱「中華民國」(Republic of China, R. O. C.)爲「賭國」(Republic of Casino, R. O. C.)。

所謂「金錢遊戲」就是將錢作爲遊戲的工具。這種遊戲，以近年來臺灣的經驗，可分三種：⑴零和賭博式——如六合彩，⑵非零和賭博式——高利放款，⑶泡沫賭博式——將票面值十元的股票，用拋來拋去的方式增加其價值，拋的次數愈多，增值的倍數也就愈大。如果「金錢遊戲」是一個經濟發展的必然結果，則當我們收割這個果實時，也該是這個國家的經濟趨向沒落的時候。因爲自古以來，尚未見到一個擁有二千萬人口的國家是靠賭博立國的。本文的目的，旨在探討金錢遊戲形成的源流、最近的演變和對社會的危害，及政府的治本治標之道。

## 二、金錢遊戲形成的源流

「金錢遊戲」之發生，主要導源於資金累積過多，且得不到適當的出路。再加上人性中「貪性」與「賭性」的發揮，便形成了無處不賭、無時不賭的局面。

自民國七十年起，臺灣開始連年有貿易出超現象。七十年爲五・一九億美元，次年增爲二二・四八億美元，到七十六年達到高峰爲一七九・二五億美元，七十七年降爲一〇一・六七億美元。由於外滙的管制措施，這些美元在國內大部分變成新臺幣，掌握在社會大衆之手。事實上，貿易出超就是超額儲蓄，也就是儲蓄超過投資的部分。以毛儲蓄率（即毛儲蓄與國民生產毛額之比率）而言，七十二年起，每年均超過百分之三十一，七十五年和七十六年竟分別高達百分之三七・七和百分之三八・五，直到七十八年，仍高達百分之三十四。由此可見，民間資金累積之多。

如果過多的資金能得到適當的出路，這對經濟成長會有幫助，可是最近五、六年來，適當的出路並不多，致造成可貸資金之供過於求，利率也就大幅下滑，即使年息降爲百分之五，銀行多不願意接受存款。很多靠利息收入維生的人便萌想以不健康的途徑，牟取較多的利得。

㈠**地下投資公司**：地下投資公司針對這一現象，便以高利息，吸收這些資金，通常以年息百分之四十八（即每十五萬元爲一單位，每月獲六千元的利息），或百分之七十二（即每十萬元爲一單位，每月獲六千元的利息）誘人入股。許多投資的人也不考慮像這種投資該有多大的風險，在貪圖暴利的心理下，甘願將儲蓄投入毫無保障的無底洞，甚至也將親戚朋友拖下水。而這些地下投資公司確有一套建立信譽的本領。它們購百貨公司、置大厦作爲食餌，用以誘惑更多的投資人上鈎。這些地下投資公司靠兩種手法圖存與發展：一爲以新債養舊債，即利用新投資人的資金去支付舊投資人的利息；一爲買賣股票，近三、四年，臺灣股市之狂飆主要得力於地下投資公司之挹注。而股價之不斷翻騰也與地下投資公司之進出股市密切相關。本質上，這是一種非「零和賭博」，卽當地下投資公司賺到錢或吸收到更多的資金時，投資人會有收益，只有當地下投資公司無錢可賺或新資金停此流進時，才會蒙受到損失。這種金錢遊戲與鄉下老嫗進城遇到金光黨一樣，如果老嫗不貪，她就不會被騙；她之所以被騙，就是由於貪心。

㈡從大家樂到六合彩：賭博從未在臺灣民間消失過，只是最近五、六年，臺灣賭博之風已演變成燎原之勢。最初是以「大家樂」方式在中、南部流行，然後又蔓延到北部。當大家樂藉愛國獎券開獎號碼作爲賭博工具時，愛國獎券便變成了替罪羔羊，被政府廢止，使殘障同胞頓時失去維生的憑藉。大家爲了贏錢，多求神問卜，許多廟宇的泥神成爲賭者膜拜的對象，若是贏了，這些泥神會得到金衣加身的待遇；若是輸了，這些泥神便會遭到斷頭、斷臂的厄運，以後，大家樂又演變爲「六合彩」，賭者利用的工具更多，香港的馬券、彩券、汽車收費站收費號碼等等，都成了賭的工具。當開獎之日，全島電話線爲之杜塞。最近又由六合彩演變成「哈達」，令人嘆爲觀止。這種金錢遊戲是「零和賭博」，非贏卽輸，而且輸贏的金額完全相等。同時它是資金的移轉，也是所得的重分配。

㈢股市狂飆：約三年的時間，臺灣的股票價格加權指數由一千多點漲到一萬二千多點，其漲幅之大爲世界之最，而交易量也由七、八十億元增加到近二千億元，其數量之大也創世界紀錄。發行股票的公司不過一百六十多家，而證券公司竟有四百家，其競爭之激烈可以想見。股價漲幅大時，每日可賺到百分之六、七的利錢。有些弱不禁風的公司，面值十元的股票竟能漲到一千多元。不必從事任何生產活動，公司的董監事卽可分得高利。由於不少買賣股票的人曾變成巨富，於是大學生、中學教員、公務員、家庭主婦紛紛投入股市，使買賣股票的人口高達四百萬人。股價漲到一萬多點時，投資人歡喜若狂，他們更希望股價能漲到二萬點三萬點，俾獲得更多的暴利。這種金錢遊戲像泡沫一樣，禁不起信心的動搖，任何一句不利的謠言，都會使這種泡沫遊戲爲之破滅。

然而，地下投資公司、房地產和股市在相激相盪之下卻使臺灣經濟虛胖了二、三年。金融服務業成長雖快速，但工業卻相對衰退；人心被腐蝕，勤勞被拋棄，社會風氣敗壞，脫序現象叢生。有識之士莫不爲這些現象而憂慮。

## 三、金錢遊戲成式微之勢

自民國七十八年夏天以還，金錢遊戲便露出疲憊之態。考其原因，則爲(1)政府採行緊縮貨幣政策，即減少貨幣供給增加率，它由民國七十五年的百分之五十一降到七十八年的百分之二十三，到七十九年上半年，甚至下降成負值。⑵中央銀行提高利率：以存款利率而言，由七十八年四月之百分之五提高爲目前的百分之九・七五，利率之提高固增加了借款人的負擔，更不利於以借債的方式去投資股票。⑶自七十九年元月份起政府改徵證券交易稅，稅率爲千分之六，到六月底，已有七百億元證交稅進入國庫，而證券公司因家數突增，所收取的經手費主要用於一般費用，支出的增加，致回流到股市的金額大幅度減少。⑷六月中，因預期新臺幣貶值，很多人購美金以增值，中央銀行藉此機會得以收回大量的新臺幣。以上這些因素使得貨幣供給增加率大幅度下降。由於股市中可用資金減少，股票每日交易量下降，而股價也自二月中旬起大幅滑落，已由當時的一萬二千六百多點跌到七月上旬的四千七百多點，跌幅之大，世所罕見。不少證券商捉襟見肘，甚至倒閉。正如很多人所預期的，泡沫遊戲開始破滅，凡股票被套牢的投資人無不陷於困境。

從整個經濟發展的觀點，金融狂飆之退潮是必然現象，也符合「物極必反」的道理。地下投資公司之逐漸消失應是可喜的現象，而股價將跌到合理價位，使股票投機人能夠冷靜下來，不再玩泡沫性的金錢遊戲，也是件健康的現象，因爲一國經濟畢竟不能靠賭博，而是靠工商業的正常發展。

## 四、政府應有的疏導之道

賭性，乃人性也；而貪性，亦乃人性也。針對這兩種劣根性的發揚，政府應採什麼對策來抑制？用圍堵法？是治標不治本；應採行疏導法，正如大禹之治水，放棄鯀的圍堵法，採用疏導法，才能產生預期的效果。

針對人類的貪性和賭性，除加強推行倫理教育外，政府應訂定一套法規，規範人的貪性和賭性。具體的做法，將包括：

㈠**對賭場的設置要集中化、合法化**：即在臺灣選定某一地方，讓人們在法定規範之中，滿足賭的慾望，對政府而言，固然容易管理，不致發生騷亂問題，還能收取某些數額之稅，用以彌補它所造成的社會成本。正如治癌，若令其集中某一點，則易予消除；若分散身體各處，則難以根除。凡人們在指定的地方從事賭博，可受到保障；凡在非指定的地方從事賭博，則嚴加取締。

㈡**設立民間銀行，取代地下投資公司**：過去地下投資公司之猖獗與金融制度不健全有密切的關係，而公營銀行之作風往往不能滿足社會大衆之需要，也有責任。倘能允許民間銀行設立，或公營銀行民營化，可以減少地下投資公司之活動。不過，對於民間銀行之設立因需一定的要件，而在管理上，政府應有一套有效的監督方法，使民間銀行保持正常的發展。

㈢**對股市的管理**：目前臺灣的股市正處於退燒階段；退燒之後，會有段時間的虛弱。在此階段，應妥善調劑，使其走上正途，成爲投資市場，而非投機園地。對於股市之違規行爲，如內線交易、炒作哄擡股價等，應給予嚴厲之懲處。同時公營事業應早日民營化，對轉移民間所發行之股票，應使其上市，以增加股票的供應量。

無論如何，要使臺灣經濟持續成長，今後必須建立健全的金融制度，徹底清除各種不法的金錢遊戲。完全根除人類的貪性和賭性雖非易事，但若能對其作妥善之疏導，規範其活動範圍，應可收較大的效果。

（原載《工商時報》，民國七十九年七月二十八日）

# 銀行業的戰國時代就要來臨

長期而言，公營銀行民營化雖成爲無法阻撓的潮流，但到見諸實施尚有段長的日子。可是民營銀行的獲准設立卻是彈指間的事。可預見的，在不久的將來，臺灣的民營銀行會像雨後春筍一樣地紛紛設立，而且很快地就會形成戰國局面。這個戰國局面能維持多久，依個人的判斷，三年之內即可見分曉。

撇開現有的銀行及類似銀行的各種金融機構不談，將要設立的民營銀行約有四十多家，每家銀行以五個分支銀行來計算，臺灣會在短期內增添二百多個銀行，其熱鬧的情況可想而知。臺灣的人口約二千萬，戶數約五百萬戶，國民生產毛額不過新臺幣三兆七千八百三十億元，社會上突然增添這麼多銀行，彼此之間當然會形成激烈的競爭。**在激烈的競爭之下，誰勝誰負，不但要看誰的本錢大，更要看誰的經營手段高。**

未來銀行間的競爭包括民營銀行與公營銀行間的競爭、民營銀行彼此之間的競爭。它們的競爭可分四方面：

㈠人才競爭：如果每家新設的銀行需要一百位專業人員，處理銀行業務，這四十家就需要四千專業人員。這些專業人員不僅需有專業知識，更需有相當豐富的經驗。為了獲得這些人才，當然會向現有的公營銀行挖角。而為了要使這種人才由服務多年的老銀行轉移到新銀行，挖角的銀行必須付出較老銀行更高的薪金和各種福利，也就是說，人事成本要比老銀行來得高。

㈡區位競爭：一般銀行通常設在市區內較繁榮的商業區。在這種地區，其租金往往很高，以目前臺北市而言，較繁榮的商業區，臨街的一、二樓建築，每月每坪要租金一萬至一萬五千元，而一個銀行至少需要一百坪的建築空間，也就是每月租金要在一百萬元至一百五十萬元之間。如果再加上裝修費、設備費等，這份固定成本就很大。老銀行則多居地利之便，甚至自己擁有銀行所需的建築。

㈢利率競爭：一般最主要的收入是來自存放款利率之差額。每個銀行必須吸收存款，也必須貸出存款。為了爭取民間的資金，新設銀行必須用較高的利率，否則，不會有人將存放在老銀行的資金轉存到新設銀行。由於新設銀行的信用尚待建立，用高利率吸收資金是必然手段；另方面，要貸出所吸收的資金，必須用較低的利率，否則也會拉不到客戶。如此一來，存款利率與放款利率間的差距就會很小，而且在成立的最初階段，也會比老銀行爲小，也就是利潤要減少很多。

㈣**服務競爭**：公營銀行之服務態度久爲客戶所詬病，新設銀行必須在此方面有較好的表現，要有使客人滿意的表現，人事成本會增加，設備費用也會增加。

以上是在合法經營、正常運作中必然面臨的競爭。新設銀行顯然要較老銀行付出更高的成本，得到較少的收益。**在這種情況下，很多新設銀行就無法存在下去；要存在下去，必然要從事地下投資公司所經營的事業**，它包括：⑴將存款用作自己的相關事業。法令雖有限制，但難免會利用「人頭」的方式，突破法令的限制；⑵炒股票。就像近年來地下投資公司一樣，利用存款去炒股票。對存款客戶而言，這兩種方式都有很大的風險。我們也可預見的，新設銀行如無雄厚的資本，會很快地關門大吉。這種局面會發生在先進國家，但我們的業者並不願吸取別人的經驗，總以爲自己是贏家。尤其是他們有個不健全的想法，認爲開銀行必會賺錢，這種想法太天真，也太危險。事實上，世界上列名的大富翁中，銀行家的數目卻非常少。

公營銀行在具體民營化以前，能否經得起與新設民營銀行的競爭？這是個令人感興趣的問題，公營銀行所擁有的優勢是：區位較佳，建築多是自己的，房租也是設算的，固定成本較低，同時資本也較雄厚，因老闆爲政府，公信力較高，在社會大衆心目中，擁有較好的信用。公營銀行的弱點是：受僵硬性的審計法規所限制，銀行經理多不能發揮他們的才能，尤其在經濟情勢劇變時，多不能應變。除此，面對新銀行的設立，能力強的營業人員必定會流失，這對公營銀行而言，將會產生人才危機。要使這種危機成爲轉機，公營銀行必須加速民營化。如果公營銀行能够民營化，其所具備之競爭優勢要較新設銀行爲大。

在銀行業形成競爭局面的過程中，最先獲利的是銀行營業人員，尤其經理級及課長級的人員，因爲他們是銀行運作的動力，在待遇上必然獲得最大的改善。新設銀行要挖角必須付較多的薪金和較高的職位；而公營銀行爲留住人才，也會設法調整待遇，同時那些未被挖走的營業人員也會得到陞遷的機會。不過，值得公營銀行營業人員冷靜思考的，乃被挖角所帶來的風險。如果挖角的銀行，其業務蒸蒸日上，還可以保住所享有的利益；如果挖角的銀行是競爭局面中的失敗者，那麼所享有的利益就會像曇花一現地消失，在那種情況，就會有得不償失的結局。

在銀行形成競爭的局面之下，社會大衆必須擦亮眼睛，認清這些新設的民營銀行。如果爲圖高利，將積蓄的資金存在投機性高的新設銀行，那就要冒較大的風險。近年來，地下投資公司的興亡就是最好的例子。雖然新設的銀行不盡是地下投資公司的變態，但對它們吸收資金的方式、運用資金的途徑，以及它們形成的背景，必須有清楚的了解，否則，難以逃脫金融風暴的侵襲。

（原載《工商時報》，民國七十九年五月五日）

# 縣政府開辦銀行，風險大過利潤

新上任的縣長，爲了開闢財源，以便作一番事業，倡言縣政府開辦銀行。這一主張已引起社會大衆很大的回響。有的人認爲這是一項創舉，可充裕縣政府的財政收入；有的人持懷疑的態度，不能苟同。個人認爲：縣政府開辦銀行，在地方自治的權限上可行，但在經濟效益上，值得愼重考慮。

首先須認清的，**在經濟自由化的策略下，未來的銀行必然在自由競爭的情況下發展，無論公營銀行或民營銀行不再受特權的保障，也不再擁有壟斷的力量**。優勝劣敗是競爭的結果。能贏得競爭勝利的銀行，即可生存，也可發展，在競爭中失敗的銀行，或被兼併，或不支倒閉。在未來的三年內，必會有很多民間銀行成立，而這些新成立的銀行必會以更優越的條件，向公營銀行挖角。處在這種情勢下，三商銀（第一商業銀行、華南商業銀行和彰化商業銀行）必會發生人才外流的危機，對於剛成立的縣銀行而言，也難避免這一關係「存亡」

的挑戰，因爲它受審計制度的約束不能隨心所欲；也受縣議會的監督，致不能隨機應變。

縣政府開辦銀行，經濟上的考慮包括下列數點：

㈠銀行利潤主要來自存、放款利率的差額。就吸收資金而言，利率高可吸收到資金，利率低很難吸收到資金。就貸放資金而言，利率低易將存款貸出去，利率高難將存款貸出去，這是很淺顯的道理。民營銀行在地域上設立較不受限制，而經理有較大的自主權，故有規模經濟之利，而且可視各地情況，不同的存放對象，使用不同的利率。例如對甲地以高利率吸收資金，對乙地以低利率吸收資金；或對甲地以低利率貸出資金，對乙地以高利率貸出資金。同時對張三可以高利率貸出資金，對李四可以低利率貸出資金。也就是說，銀行經理人員有權決定利率之高低。就此點而言，縣銀行既不能越區設立，又不能按不同的放款對象使用不同的利率，因爲從業人員都不願被網入「圖利他人」的罪嫌。況縣長的職權畢竟還是有限的。

㈡民營銀行之貸款主要視借款者的信用而定。無論縣政府官員，或縣議會議員皆無權享受融資、低利率、甚至借錢不還的特權，而他們也無權干預民營銀行的人事制度（包括任用和陞調）。就此點而言，縣銀行很難免受這些特權的干預。試看三商銀的痛苦經驗，就是最好的見證。

**㈢由於民營銀行在人事制度上的獨立，可以高薪維持優秀人才的穩定，也可以高薪羅致新的人才。**縣銀行如不能企業化，必受縣政府薪資制度的約束。如果縣政府的局長月薪爲六萬元，而縣銀行的營業員月薪爲七萬元；或者縣政府的官員年終獎金僅一個月薪水，而縣銀行服務人員爲五個月薪水。這種懸殊的差別待遇在縣行政體系下很難行得通。

**㈣服務品質好壞也是銀行競爭的重要條件。**在我們所見所聞中，公營銀行的服務品質一向爲人所詬病。民營銀行會有較佳的服務品質，因爲民營銀行有一套激勵制度，而這套激勵制度在公營銀行是不存在的。例如服務優者，可給予重獎，服務不佳者，則停止雇用。近二年開放的民營加油站服務品質顯然不同，就是個好的例子。

**㈤公營銀行的決策程序較長，而且不能隨機應變。**凡屬公營銀行，用人、會計、預算必須按既定的法規來辦理，而且要經過立法部門或議會的監督。縣銀行如不能免除這些限制，經理的決定權就十分有限。對於應付環境的劇變，縣銀行也不能適時應變，減少損失。

**㈥大家都知道，郵局的普遍設立，對吸收民間資金很有作用。**在工商社會，時間很重要，如縣民利用縣銀行不方便，必會減少利用。縣銀行設分支銀行無法同郵局一樣的普遍，在吸收資金上，也就難以同郵局競爭。如果一定要多設分支銀行，則所產生的成本一定會很大，這包括房屋租金、設備、人員薪金等。換言之，所花的費用會比郵局要多，也比一般民營銀行爲多。如果銀行的收支不能相抵，縣政府很難應付這種尷尬的局面。

(七)到目前為止，公營銀行，如臺灣銀行、臺北市銀行、高雄市銀行分別代理省庫、市庫，代為運用它們的財政收入。另一方面，也負責公教人員退休金優利存款年息百分之十八的負擔。縣政府要想運用一縣的財政收入，這筆利息費用歸誰來負擔？如將此種優利存款制度取銷，必將引起退休人員的反對；若以稅收去挹注它，又會失去徵稅的公平性。

縣政府之開辦銀行，如果是爲了開源，這個「源」開起來相當艱辛，而且風險也很高，一旦蝕了本，該如何去清償？用稅，不適當；用公債或出售彩券，也不可靠，因爲在那種情況下，縣民對債券和彩券也會失去信心。如果是爲了融資方便，那就不一定非由自己開設銀行不可。只要對成本與效益稍加分析比較，卽可發現利用一般商業銀行來融資較自己開設銀行較有利。

更值得重視的，今後銀行業必然是一個競爭激烈的行業，最初競爭對象是人才，然後是業務。就目前情況而言，金融人才難求，而且優秀的金融人才絕不是幾個月的訓練就可成才的。優秀的金融人才是有經驗、反應靈敏、頭腦清晰、專業知識豐富的人才。在人才競爭中，誰能提供高待遇、好的工作環境，誰就是贏家。在此情況下，縣銀行開設的優越條件在那裏？令人置疑。

（原載《中國時報》，民國七十九年二月二日）

# 臺灣金融狂飆過後之省思與重振

## 一、臺灣的金融問題

近五年來，外滙資產大量累積的結果固然提高了臺灣在國際上的知名度，使世界各國對臺灣刮目相看，但也爲臺灣製造了很多史無前例的困擾。這些困擾或降低了臺灣產品在國際市場上的競爭力，或招惹起貿易對手國以保護主義的手段，迫使臺幣不斷升值，並增加對其農產品的進口，更重要的，外滙資產不斷累積，再加上一年多以前對外滙的管制措施，徒使貨幣供給作大幅度之增加，進而造成了「臺灣錢淹腳目」的現象。這種現象不僅助長了地下投資公司的投機氣燄，促使房地產價格作空前高速的上升，而且也使股價暴漲，股市成爲金錢遊戲之所。

可是，曾幾何時，自去（七十八）年下半年以來，臺灣金融狂飆之勢趨弱，三百多家地下投資公司只剩下十多家苟延殘喘；房地產價格下瀉，有行無市，找不到買主；而股價由一萬二千多點跌落到五千點。面對這種突變的金融情勢，不少人憂慮臺灣經濟已進入黑暗期，甚至要求政府採取緊急措施，挽救這個頹勢；也有不少人認爲這是臺灣金融退燒現象。過去四年的高燒曾耗去了不少體力，當退燒過後，一定會四肢乏力，但那是痊癒的開始。作爲「浴火」中的一位觀察員，我們應如何評估這個情勢？當狂飆過後，我們該如何善後，使金融部門走上正途，臺灣經濟仍能持續成長？這都是亟待探討的問題。

## 二、對金融狂飆過後的評估

爲了評估當前的金融情勢，我們不妨作兩種不同的假定情況：一種是：過去三、四年所形成的金融狂飆繼續狂飆下去；另一種是順應目前情勢的演變。

先就房地產價格暴漲談起。假定房地產的價格繼續高漲，或者維持去年春天的價位。在此情況，擁有房地產的人無論在心理上或實際情況上均比過去富有，但是未擁有房地產的人，及今後投入勞動市場的人，既買不起可容一家四口的房子，也租不起租金比薪金還要高的房子。根據統計，在四年以前，一位大學教授憑十年儲蓄，再加上貸款，可買得起四十坪的房子。在一年以前，卻要花三輩子的時間，不吃不喝，方能買得起四十坪的房子。一位大學教授的窘狀如此，我們可以想像到一般中產及低所得階層的生活狀況。所得分配惡化到這種程度，能不發生社會問題？實令人擔憂。不僅如此，房地產價格暴漲之後，工廠用地的成本成爲生產成本的重要部分，門市部的租金成本必成爲生產成本的重要部分，這對削弱國際競爭力會產生雪上加霜的效果。因爲近年來，臺灣的工資水準已大幅度上漲，在亞洲區，除日本外，臺灣的工資水準爲最高。現在臺灣的土地價格不僅比東南亞任一國家爲高，也比北美洲、亞歐爲高，這使臺灣所擁有的比較優勢幾喪失大半。

地下投資公司，本質上就是老鼠會，在民國七十年代初曾流行過，由於曾發生很多糾紛，致在民間蟄伏了一段時期，到民國七十五年，突然臺灣各地飛快地發展起來，因爲這種公司所付的利錢高，對投資人有很大的吸引力。一個沒沒無聞的地下投資公司，在二、三年便會發展內成爲資本值二、三百億元的大地下投資公司。**這種地下投資公司所依賴的是以新債養舊債，同時這種公司運用所滙得資金投資於房地產及股票。**房地產對新投資人雖有「餌」的作用，但變現不易，容易被套牢。於是大部分的資金被投資於股票市場。過去三、四年股票市場之如此狂飆，地下投資公司扮演重要角色。但是，當房地產價格下降，脫手不易，而股價又巨幅下跌，地下投資公司便失去了發展的憑藉，復因無力支付到期的利錢，新資本又不再注入，這些地下投資公司便失去生存的本錢，只有倒閉、破產。像這一種金融活動，完全是人騙人的賭博行爲。地下投資公司自始所用的手法就是騙人的技倆，而投資人昧於無知，不僅是甘心被騙，而且是自己騙自己。如果地下投資公司果能繼續發展下去，我們可以想像到臺灣的社會會呈現什麼形象。

近年來臺灣股市發展在世界史上也是個奇特現象，它在短短四年期間所創造的紀錄足可列入金氏紀錄，例如臺灣人口不過二千萬人，開戶的戶頭則有四百多萬，佔全省人口的五分之一；股價上漲了十多倍，每年平均在三倍以上；每日交易量最高達二千億元，僅低於紐約股市；每日交割次數爲世界之最；發行股票的公司不過一百六十多家，而證券公司有四百家。這些輝煌的紀錄令人難忘。臺灣的股市更是個大賭場，一張票面十元的股票，一轉手可增值二元，再轉手可增值四元，本益比高達一百以上的公司，其股價竟漲到七、八百元。在今年二月二十一日以前，投身於股市的人簡直像玩魔術一樣，每日可賺到百分之六、七的利潤。這就是何以工人、老闆、公務員、老師、家庭主婦拋棄原有工作，投身於股市的重要原因。如果股市沿循去年冬天的趨勢發展下去，我們也可以想像到臺灣的社會會變成不事生產的社會。股市本是資本市場，是企業家滙積資本，進行投資生產的市場，但在臺灣，卻變成高度的投機之所。爲了追求利息，大家都熱中短線交易。由於求利心切，當股價不斷暴漲時，獲利者大開香檳酒，以示慶祝；當股價下跌而被套牢時，則走上街頭示威，或攻擊有關當局，迫使其採取「回天」之術。從事股票買賣個人中，不少患得患失、歇斯底里、生活失常。

爲了糾正走入歧途的金融部門，中央銀行於去年四月間採取緊縮貨幣政策，不但提高利率，而且對房地產貸款加以限制。復因中央銀行對外滙管制幾完全撤除，社會大衆可擁有外滙，也可自由滙兌。中央銀行不再以發行大量貨幣的方法，去換取輸出所賺來的美金，貨幣供給增加率乃大幅度下降。同時自今年元月份起，財政部放棄證券交易所得稅之課徵，改採證券交易稅。這些措施使用於投機性的資金由緊縮而感不足，致房地產交易不僅爲之清淡，證券交易量也因此爲之萎縮。股價一反過去趨勢，自二月下旬起，竟一瀉千里。

過去一年來金融情勢變化很大，而近半年來的變化，更爲劇烈。地下投資公司的活動似乎有消聲匿跡之勢，房地產市場冷落，推出的華厦乏人問津，而股價由暴起暴落趨於反彈無力。我們有理由相信，激盪過後的金融情勢，終會趨向平靜，我們的金融部門會向正常的途徑發展。

值得注意的，無論從國際經濟發展趨勢，或國內經濟變動方向，經濟自由化是今後經濟發展的主要策略，在這個策略上，金融自由化是必然結果。因此，今後金融部門將是競爭激烈的部門，而優勝劣敗，則是競爭的自然法則。未來的金融情勢將是個充滿自由競爭的情勢。

## 三、經濟自由化下的金融業之發展

㈠過去四十多年，臺灣的金融部門處於被壟斷的狀態。在銀行業方面，主要爲公營銀行；在保險業方面，只限於由少數保險公司經營。在法定的保護傘之下，由少數金融業者享有聯合壟斷利益。因此，有不少人認爲這個部門是最易賺錢的部門。不然，何以一個保險公司的老闆竟能成爲世界上最富有者之一。於是，很多業者想擠進這個部門，以便大展鴻圖。

㈡今後，這個部門在金融自由化的趨向下，不但國內業者會形成激烈的競爭局面，而國外的業者也會來臺灣分享這塊大餅。我們很容易想像到，在激烈競爭之下，受衝擊最大的，則爲那些久享既得利益的業者。它們一旦失去既得利益，將一無憑藉。

㈢對資源的競爭：在金融自由化的最初階段，必然會發生對人力資源的競爭和對房地資源的競爭。我們知道取得合格的人力，不外兩途：一爲自行招訓，培植所需要的人才。這種方式要付出代價，必要冒風險，因為訓練成的工作人員也會被其他業者以高薪挖去；一為挖角，即到有基礎的金融部門，將經驗豐富的工作人員引來。為使這種方式成功，必須付出更高代價，包括薪金和職位。由於金融部門的發展要較多的房地空間，這個部門將會形成對房地產資源的競爭。除非在商業地區已擁有房地產，不然不購置，就租用。由於這四年來房地產價格暴漲，而地租亦上漲數倍，無論用那一方式，都要負擔很重的成本。

**㈣對客戶的競爭**：無論銀行或保險公司，都需要客戶來反應。無客戶支持，便無法存在。為了爭取客戶，不僅服務要週到，而且服務費率要低廉。以設立銀行來說，其利潤主要來自貸款利率與存款利率之差。此差額愈大，獲利亦愈多，可是自由競爭的結果，卻是縮小這個差額，使獲利率降低。以臺灣地區而言，在某一期間，資金供給是一定的，為了爭取存款，必須付較高的利率，為了貸出放款，卻不能使利率提高，是之故，獲利率反而降低。在成本加大、利潤減少的對比下，對一般新設的金融業而言，圖存已不易，發展更困難。

面對這種情勢，今後的金融業如何來適應？來發展？這是在金融自由化局面下，必須思考，也必須策劃的工作。

**㈠銀行業的發展**：金融自由化的體現，銀行業必然出現兩種現象：一為公營銀行的民營化，一為民間銀行的新設立。一旦公營銀行民營化，這些銀行因擁有較多的房地資產，經驗豐富的員工，以及雄厚的資本，非一般新設的民間銀行所能比擬。如果公營銀行尚未民營化，資本雄厚的新設銀行，就有能力與其競爭，因公營銀行受制於僵化制度的束縛，會在競爭中落敗。事實上，經營銀行事業並不一定只賺不賠。像在美國，開設銀行較易，但每月經營失敗而倒閉者也比比皆是。

㈡保險業的發展：臺灣的保險業是一個久被民間少數保險公司所壟斷的產業。臺灣保險業牟利較高之原因有二：一爲保險公司購置固定資產所佔資本額之比例太高。在世界各國，此比率多在百分之二十以下；在臺灣卻在百分之三十以上。因此臺灣的保險公司常利用這些資金炒房地產，牟取厚利。另一爲理賠太少。被保人一旦發生事故，都得不到合理的賠償，原因是賠償條件規定得太苛刻，而被保險人多不懂投保法規。今後，外國保險公司將登陸臺灣，它們挾其雄厚之資本、再保險之保證條件、合理而及時的賠償作業，必會吸收較多的客戶。面對此一情勢，既有的保險業者必須改弦更張，修訂保險要件，否則，很難成爲外國保險業者的對手。

㈢證券業的發展：臺灣的證券業仍有發展餘地，因爲它是現代化工業社會集資的一種方式。過去的狂飆是因爲大家將股市看作一種投機市場；而投機的結果，大部分的投資人嚐到跌停板的苦果。今後的發展是靠業者與投資人按法規操作。大家守住這個法規，不踰越、不鑽洞，在公平、合理的條件下活動。相信以臺灣資金之充沛，發展出一個正常的股市並不困難。更重要的，今後的競爭不是靠內線交易，而是憑藉有關資訊的掌握。

## 四、吸取金融狂飆的教訓

臺灣的資金充沛是事實，但它能興邦——如果被善加利用；它也能喪邦——如果未被善加利用。從經濟發展的觀點，當工業發展到某一階段，必須增強對金融部門的發展，使資金得到有效的運用，因爲金融部門之對經濟發展正如血液流通之對人體健康一樣重要。如果金融部門發展不正常，它不但會妨礙工業的發展，也會殃及對外貿易的發展。回顧最近三、四年金融狂飆的經驗及經濟發展的處境，值得我們作冷靜的檢討，更值得我們重新振作起來，洗刷掉臺灣是投機者樂園、金錢遊戲王國之恥辱。

(原載《羣益投資資訊》，一九九〇年七月號)

# 美國「腎虧」，臺灣「强補」

## ——利率調降不能以美國爲馬首是瞻

臺灣經濟與美國經濟，透過貿易與投資的關係，已產生了密切的關係，而其關係之密切似已達到「美國經濟打噴嚏，臺灣經濟會感冒」的程度。因此對於美國經濟的任何變動，我們固不能掉以輕心，對於美國的政策措施，我們也不能等閒視之。

最近十年來，美國經濟成長不僅已顯露出疲憊的狀態，而且與世界上其他已開發國家相比，簡直呈江河日下之勢，尤其最近二年，房地產業陷於極度蕭條之境，殃及六、七百家銀行破產，也累及美國政府多增添四千多億美元的公債，經濟成長率大幅滑落、失業率不斷增高，而許多大公司裁員之風正熾。美國處在這種局面下，爲使經濟早日復甦，乃採取各種政策措施，而降低利率無疑是一種較易採行的政策。在理論上，降低利率可使生產成本下降，而生產成本下降可提高產品競爭力；同時降低利率可使房地產需求者之負擔減輕，從而引起房地產交易的活絡。但是在現實環境中，如無其他重要條件配合，僅憑降低利率就可刺激生產，進而使經濟復甦，是簡化了經濟衰退的複雜性，以至一年來，美國聯邦準備銀行雖然數度降低利率，但美國經濟並未有明顯的起色跡象。

在過去十年，臺灣處於重新調整政經秩序階段，各種社會運動頻仍，金融狂飆之風猖獗，而政局安定性受到嚴重的挑戰。然而臺灣經濟仍能保持高度的成長，既無顯著的失業現象，又無不能容忍的通貨膨脹，連年出超，外滙資產持續累積，內債、外債負擔均微不足道。即使最近二年，臺灣的經濟表現仍值得稱道。以今年而言，經濟成長率高達百分之七·二，通貨膨脹率爲百分之三·五，失業率爲百分之一·六，出超逾百億美元，外滙存底達八百億美元。就這些經濟指標而言，無論在世界或亞太地區，能超過臺灣的國家並不多見。

儘管臺灣經濟的表現與美國經濟大異其趣，但是在臺灣仍有部分人士以美國爲馬首是瞻。美國爲刺激經濟的衰退，曾數度降低利率，他們主張我們也應東施效顰，要中央銀行降低利率，以刺激臺灣經濟的不景氣，或者以降低新臺幣對美元升值的壓力。這些主張降低利率的人士並不問問臺灣經濟問題是否與美國一樣？難道臺灣經濟成長率不夠高？貿易出超不夠多？失業率不夠低？無庸諱言，部分金融業因去年股市崩盤而被套牢，至今仍在沉重的債務中掙扎，希望降低利率減輕負擔，確是事實；而房地產價格在暴漲三年後，於今該業處於滯銷局面，希望以降低利率的方式，刺激其復甦。但是我們不能忽略擺在面前的一些事實，即很多中小企業向地下金融單位借錢，即使以百分之十七的利率，仍借不到所需要的金額。民營銀行相繼開張後，爲了吸收資金，必會以高於公營銀行的利率向社會大衆爭取存款；而政府爲了提供六年國建所需要的資金，也必會參照民營銀行的利率來定公債的價格，這些事實是推動利率上揚難以擺脫的壓力。儘管中央銀行爲了因應美國利率的連番下降，也再三降低了自己的貼現率，但它是否已產生了如期的效果？尚無數字上的評估加以印證。

有人認爲臺灣利率較美國利率過高會導致美金自美國流入臺灣，使新臺幣升值；當然也有人認爲年來臺灣投資環境惡化，已有很多資金流向美國，會增加對美金的需求。如果這兩者全屬事實，則美金的淨流入是新臺幣升值的主因，還是連月出超是新臺幣升值的主因？決定一國貨幣升值的主因，無論從理論或實證研究，對外貿易的不斷出超無疑是主因。如果不從減少出超的方向著手，僅從消除投機性活動的途徑用力，很難收到如期的效果。在臺灣，利率自由化已喊了六、七年，過去因爲臺灣的銀行主要爲公營銀行，利率的決定仍受某些限制；如果今後利率確能自由化了，很多中小企業借錢所付出的代價就不會那麼高，而大企業借錢所付出的代價也不會那麼低，眞正的利率水準應該決定在兩者之間的水準上。

今日的美國猶如一位透支過多，造成「腎虧」的人，它需要採取一些「強補」措施，來振衰起敝，而目前的臺灣仍是一位身體健壯的人，不過有點過重，只需要作適當的運動，就能維持其旺盛的活動力，如果也跟著美國進行「強補」，它會產生什麼後果，值得大家深思。

(原載《中國時報》，民國八十年十二月二十七日)

# 巨額外滙資產累積帶來的「資產」與「負債」

像臺灣這麼大的海島，總面積不過三萬六千平方公里，可用之地僅佔總面積的四分之一，可是在最近十年卻累積了巨額的外滙資產；其數額之龐大，在中國歷史上從未出現過，在新興工業化國家及開發中國家也從未發生過。更值得注意的，臺灣竟能同經濟力一向雄厚的日本及西德一爭長短，殊屬罕見。像這樣龐大的外滙資產，對臺灣經濟社會而言，到底是筆產生正面效果的「資產」，還是筆產生負面效果的「負債」？這是本文所要嘗試探討的主要目的。

## 一、巨額外滙是血汗凝聚的成果

外滙資產通常包括淨輸出（商品與勞務的輸出與輸入之差額）和淨資本流入（資本流入

**表一　外匯資產之累積**

單位：百萬美元

| 民國（年） | 央行外匯資產累積數（年底餘額） | 貨物及勞務輸出入差額（㈩為順差。㈠為逆差） | 非貨幣機構資本淨流入（㈩為流入。㈠為流出） |
|---|---|---|---|
| 六十九 | 二、二〇五 | ㈠八一八 | 九五七 |
| 七十 | 七、二三五 | 六、〇一一 | 九九五 |
| 七十一 | 八、五三二 | 二、三八三 | 七三九 |
| 七十二 | 一一、八五九 | 四、四五五 | 六四六 |
| 七十三 | 一五、六六四 | 七、一四六 | ㈠八二八 |
| 七十四 | 二二、五五六 | 九、四四七 | ㈠四九三 |
| 七十五 | 四六、三一〇 | 一六、五七四 | 一三 |
| 七十六 | 七六、七四八 | 一八、六九五 | 一、六二七 |
| 七十七 | 七三、八九七 | 一二、一〇一 | ㈠七、五一二 |
| 七十八 | 七三、二二四 | 一三、五〇九 | ㈠八、二四九 |

與資本流出之差額），而外滙資產累積（或稱外滙存底）是上年外滙資產累積額加今年外滙資產。由於臺灣經濟發展是採取貿易爲導向的策略，經全國上下三、四十年的辛勤努力，臺灣由入超變爲出超。就經常賬而言，從民國六十五年起至七十九年止，除六十九年爲入超外，其餘各年均爲出超，而且在七十五年，出超金額竟爲國民生產毛額之百分之二十。

正如表一中所列，外滙資產累積之速，令人驚奇。以過去十（六十九至七十八）年而言，外滙資產之累積主要來自經常賬的出超，卽貨物與勞務淨輸出。在很多年代，資本賬的淨流入不大，而且在少數年代，資本賬的淨流出爲數甚大。這些外滙資產之累積可說是全體國民血汗凝聚成的碩果。

臺灣是個天然資源相當貧乏的海島，相對那些盛產原材料的國家，能夠賺取如此多的外滙，絕非倖致。因此，如此巨額的外滙資產累積，對臺灣而言，更具意義。它至少代表兩種意義：⑴臺灣商品在國際市場上的競爭力很強。在一段很長的時間，臺灣一直處於入超局面，然後由入超變爲出超，這種轉變並非一般國家不想爲，而是不能爲。臺灣保持連續出超已有十四年的時間，雖然近年輸出成長不高，然仍有巨額之出超，這顯示臺灣商品在國際市場上具有很強的競爭力。⑵近年來臺灣的儲蓄大於投資，或者說，投資不足。臺灣的毛儲蓄率相當的高，在民國四十一年，僅爲百分之十五，到六十一年，便增爲百分之三十二，民國七十六年，更增爲百分之三十八・五，創世界之紀錄。儲蓄大於投資的數額，實際上就是出超的數額。這在國民會計賬上，可得到證明。儲蓄大於投資是一種經濟失衡現象，在短期內，它對經濟活動的影響不大；在長期，會對經濟進一步的發展不利。

## 二、外滙資產累積的正面效果

由於資訊傳播的發達，任何一國的經濟力都會爲其他國家所知曉。臺灣外滙資產的不斷累積，乃成爲世人羨慕的對象。民國七十六年，外滙資產之累積曾高達美金七六七億元，七十八年，曾降爲六三〇億元，七十九年又增爲七三〇億元。這筆龐大的外滙資產曾產生些什麼效果，這是大家所關心的問題。如果這筆資產得到適當的運用，它對促進經濟成長有幫助；如果未對這筆資產作適當的運用，它也會造成很多社會問題，不利於經濟的進一步成長。現在就外滙資產所產生的正面效果，作一扼要說明。

㈠它代表臺灣的富有：名賢集中有句話：「富在深山有遠親，窮在街頭無人問。」二十年以前，世界上很多國家無視於臺灣的存在，也有很多人並不知臺灣在何處。最近二十年來，由於統計資料的流傳，臺灣的富有已爲世界各國所認知，因而儘量排除政治上的考慮，願與中華民國建立經濟關係。雖然在外交上，承認中華民國者不多，但與中華民國有實質關係者已逾一百六十多國家。也就是說，由於臺灣的富有，中華民國在國際舞臺上，不再寂寞。

㈡臺灣的發展經驗已受到開發中國家的重視：以一個海島，竟能在各種壓力、衝擊之下，保持四十年的高度成長，並累積如此龐大的外滙資產，對很多人而言，皆認爲是不可思議的事。臺灣之所以由貧困而變爲富有，必有其原因在。於是很多開發中國家慕名來臺灣學習臺灣經驗者絡繹不絕，卽使最近由共產主義政體變爲市場經濟的東歐、蘇聯、越南等國，無不對臺灣的發展經驗，產生很大的興趣。

㈢中華民國的國際地位大大提高：除外滙資產累積目前佔世界第二位外，臺灣的對外貿易總額佔世界第十三位（其中輸出佔第十二位，輸入佔第十六位）。國際經合組織的國家在考慮到亞太事務時，都要有臺灣的參與。有些國家的經社團體想進行各種亞太區域組織時，儘管中共從中阻撓，都不願將臺灣排斥在外。

㈣國民有能力到世界各地觀光：民國七十年代以前，日本旅客充斥於國際航線以及各地的觀光地區，七十年代，臺灣的中國人也絡繹不絕到世界各地觀光，這固有助於增加觀光者的世界知識與見聞，更使世界各國了解到臺灣的中國人不僅富有，而且有充分的自由。

㈤增强國家的擧債能力：凡經常有貿易赤字的國家，或經常有財政赤字的國家，其舉債能力都很差。臺灣不僅沒有貿易赤字，也沒有財政赤字，顯示臺灣經濟的體質相當健康，尤其擁有巨額之外滙資產，使國際銀行敢相信臺灣的償債能力。事實上，到目前爲止，臺灣的外債微不足道，這與韓國、巴西等新興工業化國家相比，他們的舉債能力均很差。

㈥有能力援助開發中國家：民國五十四年以前，中華民國是接受美援的國家。自五十五年起，不再接受美援。自七十七年始，中華民國政府決定要以經濟合作的方式，援助開發中國家，這包括資金、技術與諮詢的援助。二年來，已有不少開發中國家接受到這些援助。

㈦有能力應付臺海的軍事挑戰：當一個國家處於國防危機時，如果這個國家並不富有，而國際上有正式外交關係的國家又不多，這個國家的禦侮能力就有限。臺灣擁有巨額的外滙資產，補充軍備，充實戰力，就會無財力匱乏之虞。

以上是外滙資產累積的正面效果，也是臺灣的一筆「資產」。除此，它對充裕公共投資財源，推動各項建設所作之貢獻，更難以估計。

## 三、外滙資產累積的負面效果

大量的外滙累積固爲臺灣製造了一個富有的形象，在國際舞臺上產生了些影響力量，但也不能諱言的，它也產生了很多不利的效果，這包括國際的和國內的兩方面。

㈠就國際上的效果而言，臺灣成了貿易對手國。例如美國，貿易報復的主要對象。因爲近年來，美國貿易赤字有增無減，而臺灣所累積的外滙主要來自對美國貿易的出超，於是美國以此爲藉口，使用各種壓力，迫使臺灣減少對美國的輸出，增加由美國的輸入，像迫使新臺幣升值，卽是一例。民國七十五年冬新臺幣開始對美金大幅度升值，到七十八年，升值幅度高達百分之五十六。同時美國又以三〇一法案，迫使臺灣進口非臺灣所需要的產品。新臺幣大幅升值的結果，臺灣產品出口競爭力大大被削弱，很多以出口爲導向的中小企業，多因此而一蹶不振。這些受衝擊的中小企業若非轉移到東南亞及中國大陸投資設廠，留在臺灣必遭破產之厄運。

㈡就國內的效果而言，它引起了近四年的金融狂飆現象。二年多以前，滙率變動幅度受到嚴格限制，而外滙之流出亦受嚴格管制。輸出所賺取的外滙幾乎全部要賣給中央銀行，外滙資產因而大幅增加。另一方面，中央銀行以一美元兌換四十元新臺幣的情況下，便因而放出大量的貨幣，致形成市面上新臺幣充斥，但無適當的出路，結果利率巨幅下降，曾降至年息百分之五；如果存款滿一百萬元，有些銀行拒絕存款，或給以年息百分之三・五的條件。

這一情勢首先培植了地下投資公司的興起。這些地下投資公司以百分之四十以上的年息吸收退休及退役者的儲蓄。爲了償付如此高的利息，地下投資公司一方面購置大批房地產，使房地產價格暴漲三、四倍，另方面又投資股票市場，使股價上漲了十倍之多。直到七十八年四月，中央銀行採行緊縮政策，房地產價格才開始下降，而股價直到七十九年二月，才由一萬二千六百多點的高峰滑落到十月底的二千五百點。這種劇烈的變化足以打破歷史紀錄。

金融狂飆的發生對社會造成了難以彌補的損害。其中最重要的，厥爲下列數端：

1.房地產價格暴漲的影響——在短短三年之內，房地產價格暴漲了三、四倍，土地價格卻暴漲了十倍多，這使所得分配更加不均。凡無房屋居住的中產階層及低所得階層，憑其一生的所得，亦購不起一幢房子居住，由於房地產價格的高漲，房租也跟著水漲船高。想租屋而住的人也付不起房租。「無殼蝸牛族」之興起及發展，乃必然結果。日子一久，它會造成社會的不安，同時對工商業的發展亦不利。開商店、旅館、設工廠，均因房租高昂、地價飛漲，而令投資者卻步。最近二、三年，不少企業出走，而房地產價格暴漲是一個重要原因。

2.股市狂飆的影響——股市狂飆對中小企業造成了很大的傷害。在股價不斷上漲的階段，不少工人離開工廠，投身於股市，致使勞工短缺，工資大幅上漲；有些公司老闆鑒於開工廠既有勞工運動之困擾，復有出口之受挫，也有不少放棄生產，投身於股市者。更有些教師不安於教課，有些公務員不安於辦公，大家追逐於股市的厚利。由於從股市獲利較易也較快，奢侈之風、淫亂之風，處處可見，使不當的服務業大肆活躍，使臺灣社會陷於墮落之境。

3.賭風昌熾——最近四、五年，臺灣賭風之盛，令人爲之憂慮。「大家樂」之後，又有「六合樂」，而「六合樂」之後，又有「哈達」，不少人處處在賭、時時在賭。凡贏者，無不花天酒地；凡輸者，也有不少人鋌而走險，作奸犯科，使犯罪率也跟著大幅上升。由於賭風之盛，中華民國英文簡稱R.O.C.，被譯爲「賭博之國」。

**金融狂飆的最大影響，乃產業升級的延緩。當新臺幣開始大幅升值時，應該是臺灣徹底調整產業結構的時機**，但是，我們忽略這個機會，而沉湎於賭博性的股市狂飆，以及投機性的房地產交易。**檢討起來，與其說金融狂飆是資金氾濫的結果，不如說是資金無出路的結果。**

## 四、對外匯資產累積之評價

外匯資產累積過多是「資產」——也是「負債」，這要看我們是否對外匯資產作適當營運。過去，由於只知累積，不知營運，結果：它雖在國家形象上產生了正面的效果，但在社會風氣上卻造成了難以估計的損傷。問題是：爲什麼我們的政府喜歡累積巨額的外滙資產？推其原因，可能是：⑴幾千年來，中國一直不很富有，故對累積資金有種偏好，這與國民的毛儲蓄率超過百分之三十具相同的道理。⑵政府當局一直認爲：臺灣仍處於風雨飄搖的環境中，累積巨額外滙是圖存之道，即當保衛戰發生時，無銀行會貸款予我購置武器，故須有相當多的外滙存底，這樣才會有安全感。⑶對外滙的營運缺乏知識與經驗，一旦經營有了損失，主辦人員要受刑法制裁。

無論如何，我們對外滙資產應有適當的運用。**通過發行公債的方式，使外滙資產成爲公共投資的主要財源；也是大量引進外國科技的主要財源。**我們應使外滙資產的相對減少成爲進一步促進經濟成長的有效途徑。

（原載《中信通訊》，民國八十年一月一日）

# 貨幣政策對經濟景氣之影響

## 一、當前經濟衰退之跡象與原因

從某些經濟指標觀察，當前臺灣經濟確有衰退之跡象。例如今年一至六月，以美金計算之貨物出口較去年同期下降百分之〇・八，貨物進口僅增加百分之三・九。若就六月份而言，前者僅成長百分之〇・一，後者卻減少百分之四・五。若從生產面觀察，今年上半年，農業減產，工業亦減產，唯服務業尚有相當幅度之成長。不過，有些經濟指標卻顯示臺灣經濟發展的情況雖不如理想，但未惡化。例如失業率並未因經濟不振而增加，目前還維持在百分之一・四；通貨膨脹現象亦不顯著，以六月份而言，消費者物價指數較上年同月上升百分之三・六一，躉售物價指數卻下降百分之一・五五。同時，爲人所憂心的金融狂飆現象近半年來已見收斂，房地產價格已下跌三成，而股價更暴跌百分之六十以上。這些現象對於抑制投機行爲有積極的效果。從總體經濟觀點，這些現象有利於臺灣經濟的進一步發展。

臺灣生產面之所以有不振現象，考其原因，則有下列諸項：

(1)近年來，臺灣投資環境惡化，尤其自去年冬天以來，政局不穩，人心浮動，社會治安不良，生命朝不保夕，不少業者對時局感到失望，停止投資；也有不少民衆，爲求安全，紛紛移民國外，或在海外置產。

(2)由於工資不斷地大幅上漲，而環保成本亦變爲生產成本，但勞動生產力並未大幅度提高，致出口競爭力下降，即以今年六月份而言，出口物價指數較上年同月增加百分之四・四二。

(3)過去四年，新臺幣對美金升值高達百分之五十以上，從而降低臺灣貨物在美國市場的購買力。

(4)四年來，股市狂飆的結果，部分勞工不安於工廠工作而流連於股市，部分業者因生產無利，亦混跡股市，致工業生產無成長可言。

由於以上的原因，部分業者停止在臺灣投資，改在國外投資。臺塑老闆王永慶之計畫赴厦門海滄投資石化工業，就是最明顯的例子。他的投資計畫尙未實現，但是對國內業者產生的連鎖反應，卻是值得我國重視的問題。

## 二、貨幣政策與總體經濟的關係

貨幣之於總體經濟猶如血液之於整個身體。血液不流暢，人會生病；同樣，貨幣供應不適當，整個經濟也會「發燒」。貨幣政策與總體經濟顯然有密切的關係。不過，貨幣政策之對總體經濟之影響往往有時差關係。如果三年以前，中央銀行即放鬆外滙管制政策，提高準備率，最近三年金融狂飆現象當不會如此嚴重，土地價格也不會如此飛漲。

在理論上，貨幣供給不足，利率會提高，生產成本會增加，不利於出口；若貨幣供給過多，有效需求增加，財貨與勞務的價格會上漲。但實際情況，尚要視滙率與利率的變動方向與程度而定。在外滙自由化的情況，若國內利率較國外為低，而且一般社會大衆對本國貨幣貶值之預期心理很強，必會發生外幣買超現象。中央銀行因此放出外幣而收回本國貨幣，致貨幣供給減縮。反之，若國內利率較高，一般社會大衆對本國貨幣儘管有貶值心理，外幣買超現象不致發生，貨幣供給亦不會因此而減縮。在金融投機猖獗情況，降低利率固有助於減少業者的經營困難，但也有助於金融投機者在市場上之興風作浪。過去三、四年金融狂飆對整個經濟所造成的危害已夠深遠，因此，如何使貨幣政策既有利於各業生產，又有利於金融之正常發展，並不簡單。不過，貨幣政策應針對整個經濟情勢作考慮，不宜以個別經濟現象作孤注一擲之舉。

## 三、對當前貨幣政策之檢討

從滙率與利率之變動情況，我們可以評估年來貨幣政策是否適當？

㈠滙率：從去年七月到今年四月底，新臺幣對美金滙率之波動幅度甚小，一直維持在一比二五・七三至一比二六・四一。直到五月中旬，由於股價連續暴跌，投機者乃將注意力轉移到外滙市場，致使新臺幣對美元滙率於一夜之間，貶降了百分之四，即由一比二六・四一貶到一比二七・四一。復由於國內投資環境欠佳，外幣資金不斷流出，以今年上半年而言，有七十多億美元已經流出臺灣。對於目前的滙率，有兩種不同的主張：一爲令新臺幣繼續貶值，這是大多數出口業者的意見。若如此，貨幣供給更加不足，而利率也會相應調高；一般社會大衆會增加對持有美金的願望，而不願持有新臺幣。在此情況，貨幣繼續流進央行，社會上可供資金更加不足。一爲新臺幣應升值，美國官員仍有此主張。若令新臺幣繼續升值，出口業更加困難。況目前，對美出口固呈負值，而總出口亦無成長，雖然仍有貿易順差，但較過去二年，均大幅下降，即以今年上半年而言，貿易順差已較去年同期下降百分之二十，故無必要讓新臺幣繼續升值。

就現階段臺灣投機風氣之如此盛行，穩定滙率有抑制投機之作用。

(二)利率：過去一年，利率曾大幅上升，而商業銀行對民間購屋貸款也加以限制。此一措施對抑制房地產價格之暴漲有相當大的影響。惟值得注意的，臺灣出現：**短期利率高，而長期利率低之不正常現象。在此情況，對長期儲蓄不利，對活期存款有利。這一現象也說明民間資金緊俏現象。形成此一現象的原因乃：業者對長期投資缺乏興趣，對短期投機行爲趨之若鶩。**

因此而形成的另一現象，乃貨幣供給 $M_{1B}$ 之年增率，自去（七十八）年五月份起大幅度滑落，由該年三月份之百分之六・八四降爲五月份之百分之八・六五。至今年四月份，更變爲負值，且以迄於今。其實，此一現象並不完全表示貨幣供給不足，而是證明 $M_{1B}$ 增加率爲負值，但 $M_2$ 的增加率仍在二位數字。其道理很簡單：**當股市投機頻頻不利時，人們會將現金存入利率較高的定期存款，而非活期存款。**即使貨幣供給 $M_{1A}$，其年增率每月大多仍在百分之十五以上。

由於外滙市場與利率決定均趨向自由化，滙率與利率之相互影響也因此更加密切起來。如果想影響利率之變動，必須要考慮外滙之流出與流入。要設法影響滙率之變動，也要考慮本國利率水準是否比外國利率低還是高。

大體言之，目前貨幣政策已達成了⑴貨幣供給增加率降低；⑵利率不再是助長房地產價格暴漲之幫兇；⑶外滙市場之投機行爲已受到抑制；⑷出超繼續減少，尤其對美國之貿易出超已大幅度下降；⑸股市狂飆現象已不再出現。惟不可否認的，中小企業貸款較困難，而所付利息成本也較大，同時對過去曾貸款購屋的社會大衆也增加了負擔。

## 四、爲突破經濟困境應有之貨幣政策

從前面的分析，可以了解到臺灣經濟的困境不是它的金融面，而是它的生產面，此即出口不振，工業生產銳減。出口不振有很多原因，重要的有二：⑴投資環境惡化，在國際市場上所擁有之比較優勢漸失，致競爭力大幅降低；⑵產業升級速度太慢，而科技基礎尚不夠穩固，致難以應付當前之困局。

突破經濟困境，既無特效藥可投，亦非一蹴可及，必須長期著眼，多方面著手。首先要

**儘速改善投資環境，使業者願留在臺灣繼續投資，同時要加速引進我們所需要的科技。**投資環境之改善包括政局之穩定、社會治安良好、合乎時宜之法規的修訂、公共設施之完備、行政效率之提高、對引進科技之鼓勵等。引進科技在目前這個階段，不能全靠業者，政府應利用部分外滙，就臺灣工商業發展的需要，有計畫、有步驟地引進科技，並使其紮根。

**在貨幣政策方面，政府宜運用貨幣數量之調節，來穩定利率及滙率，但不宜用人爲干預，使利率與滙率穩定在某一水準。**就目前的金融情況而言，對降低準備率必須十分謹愼，不宜輕率爲之。至於降低利率，在目前，亦不宜採行；對機器設備進口融資，應予配合。最近二、三個月，股市瀕於崩盤的現象，政府不宜對其干預，因爲股價尙未降至合理的價位，干預徒增股票投機者的依賴。政府對股市所應做的，是健全證券公司、消除內線交易、增強證管會職權，使股市的發展趨於常態。

（民國七十九年）

# 叁、產業的何去何從

# 經濟劇變中，臺灣產業的何去何從

最近十年以來，無論世界經濟或臺灣經濟，在結構上，均發生了劇烈的變化。面對這些劇烈的變化，臺灣的產業應該如何來因應？又該採取何種途徑，才能得以生存，且又能持續發展。這不僅是企業界應解決的問題，也是社會大衆所關切的問題。

## 一、經濟劇變原委

### ㈠世界經濟劇變

自一九八〇年以來，世界經濟起了劇烈的變化，那就是許多工業化國家的經濟漸有老態龍鍾之勢，而許多開發中國家卻呈現出蓬勃發展的氣象。**這些工業化國家，爲了維持其過去的經濟優勢，乃採取了區域主義，形成了區域經濟體。這種區域經濟體，在名義上是促進自**

由貿易，實際上含有濃厚的保護主義色彩，亦卽區域經濟體與區域經濟體間的關係，以及區域經濟體與不屬於任何區域經濟體的個別國家間的關係，各爲了本身的利益，仍需要談判、協議，以解決貿易糾紛。在眞正的自由貿易制度下，這些動作都是不必要的。至於許多開發中國家，它們由低度的經濟開發慢慢蛻變爲快速經濟成長，在國際市場上，已成爲我們新的競爭對手。它們挾低廉的勞力，配合外來的投資，所產生的競爭力，已使我們的勞力密集產業失去比較優勢。面臨這種國際經濟情勢，我們能與工業化國家競爭嗎？那需要積極發展技術密集產業；我們能抗拒開發中國家之急起直追嗎？那需要儘早放棄勞力密集產業。

### (二)國內經濟劇變

在一九八〇年代，國內經濟本身也起了巨大的變化，具體的事實是：(1)連年發生巨額出超，造成外滙存底的大量累積，導致新臺幣對美元的大幅升值。(2)政府戒嚴法取消後，勞工運動發生，致勞動成本大幅增加，且超出勞動生產力的增加。(3)環保運動也曾如火如荼地發生，使許多廠商一時難以適應這一局面。(4)股市狂飆，投資市場變成賭博場，勞工、教師、公務員、甚至家庭主婦沉湎於金錢遊戲，以求一夜致富。(5)政治紛擾不已，社會治安惡化，導致投資環境下墜，廠商投資意願不振，出走海外者日多。(6)政府推動經濟自由化及經濟國際化策略，關稅率迅速下降，智慧財產權要求升高。(7)政府允許海峽兩岸可進行間接貿易和投資。

由於這些經濟變化相繼發生，臺灣產業受到了相當大的衝擊。諸如：⑴傳統工業多難以生存。臺灣曾是生產雨傘、球類、玩具等製造業的王國，到一九八〇年代末，這些產業復淪爲夕陽工業，在國際市場上失去競爭力。⑵勞工不再低廉，向以低廉勞工爲比較利益的產業多無法支撐下去，如不出走海外，則在國內改絃更張。⑶產業發展不再受到政府的保護與特別的獎勵。基於外來的壓力，尤其是美國政府的壓力，臺灣的門戶不得不對外打開。過去曾受保護的產業，或爲獎勵投資條例所獎勵的產業，因失去屏障，手足爲之失措。⑷環保成本原爲社會成本，現爲廠商的生產成本，廠商的負擔加重，卽現有的廠商必須爲減少污染而安裝設備；新設的廠商須爲符合環保的要求而增加防治汚染設備。

## 二、產業界的選擇

臺灣產業界經受上述的衝擊後，必須對未來的發展有所選擇。我們可從下列數方面來分析：

㈠對產業的選擇：應發展那種產業，方能有利可圖？這是產業界首先考慮的問題。產業界絕不會因無利可圖而去發展一種產業，道理十分明顯。首先看看傳統產業是否無存在的可能？問題在於它的競爭能力。如果傳統產業的技術不能與時俱增，它就無力同外國競爭，也就無法存在。**如果傳統產業能及時引進新的技術，保持生產力的提高，它就不會因是傳統產業而成夕陽產業。**

產業通常分第一級產業，卽廣泛性的農業，第二級產業，主要爲製造業、營建業，和第三級產業，主要爲商業、服務業。每一級產業又分若干產業。無論選擇那種產業，必然與這個國家經濟發展階段有關。當這個國家處於落後階段時，無能力去選擇技術層次高的產業；當這個國家已進入工業化階段時，任何產業的發展必須與技術相關。缺乏技術的升級，必然會成爲進一步發展的瓶頸。

在一九八○年代初，政府推動策略性工業發展時，曾提出六個準則：卽市場潛力大，產業關聯性大，附加價値高，技術層次高，汚染層次低，能源依存度低。這完全是整體經濟的觀點，或者經濟計畫的立場。但是從民間業者的觀點，牟利大則是重要的準則。爲達成此目的，他們會考慮市場的潛力、附加價値等準則。至於產業關聯性大小、技術層次高低、汚染層次高低、以及能源依存度高低，則非他們的優先考慮。爲了推動國建六年計畫，政府又以上面的六個準則，選擇了所謂十大新興工業來發展，它包括通訊工業、資訊工業、消費性電子工業、半導體工業、精密器械與自動化工業、航太工業、汚染防治工業。這些工業都是使用資本多、需要技術高的產業。這些都屬於製造業的範圍，也是韓國、日本，以及許多工業化國家所發展的產業，故在國際上競爭激烈。假如我們技術水準同他們一樣，除韓國外，我們有較大的機率，會贏得競爭，因爲我們的工資水準比他們低。問題是如何提高我們的技術水準，而且能達到他們的技術水準。

**創造更多的附加價值是民間業者最感興趣的事。利用高科技製造產品，固可創造更多的附加價值，但利用高科技的產品作有系統的、能產高效能的組合，也是值得選擇的產業。**俗語說，「行行出狀元」。不論那一級產業，只要有能力提高它的競爭力，就值得繼續發展。

㈡**對產品的選擇**：很多產品之生產，通常可分爲三個階段，即上游、中游和下游。我們應重視全程的製造，還是側重某階段的製造？這要視每一階段製造所擁有的比較優勢而定。同時，對某些產品而言，如汽車，我們應選擇汽車零件的製造，或者整個汽車的製造？對於後者，如果生產未達規模經濟，這種生產會多花成本，同時在出口時，往往易受進口國的注意，而它們會採行關稅或非關稅來抑制。

多年來，政府強調自製率的提高。從自主的立場，無可厚非；從經濟觀點，要求自製率提高也會產生不經濟的現象，因爲民間業者所重視的是經濟。夠經濟，就會牟利；夠自立，很可能「得不償失」。

㈢**對生產地區的選擇**：對生產地區的選擇也就是對直接投資地區的選擇。對個別廠商而言，在地區選擇上，有四種策略：

⑴主力在國內，分支在國外。

⑵主力在國外，分支在國內。

⑶全部在國外。

⑷全部在國內。

對於一個海島型經濟而言，面對競爭與保護兩種壓力，無論爲求生存、或圖發展，它的產業不可能囿限於在國內發展；如果全部到國外發展，也許對個別廠商有利，對國家經濟發展則無利可言。如果一個廠商的生產主力是在國外，分支是在國內，這與外人來臺灣投資設廠，並無太大分別，對臺灣經濟所產生的效果，可能限於創造就業的效果和創造外滙的效果。如果一個廠商的生產主力是在國內，分支是在國外，則是一種比較適當的安排，因爲在這種安排下，卽有利於國家的經濟發展，也有利於廠商本身的壯大。

近年來，很多中小企業向國外發展，而很多開發中國家也極歡迎我們的廠商到他們的國家投資設廠，或爲創造就業機會，或爲其賺取外滙。產業界應到那個地區去投資設廠？這需要做愼重的考慮。

1.歐美國家——到歐、美國家投資設廠，有三個主要目的：一爲利用當地原材料，一爲引進當地技術，一爲利用「裏應外合」的戰術，取得出口的機會。到目前爲止，能到歐、美國家設廠生產的廠商爲數不多，原因是：一般廠商多不具備在歐美國家經營的能力。

2.東南亞地區——東南亞地區於一九八〇年代極力引進外資，開拓外銷。由於這個地區勞力充沛，工資低廉，土地成本不高，而且提供很優惠的條件，不少廠商便到這個地區另謀發展，而且在過去六、七年，確有成效，不僅使地主國經濟保持高度成長，而且也增加了臺灣與這個地區的雙邊貿易。惟最近二、三年，這個地區也感到勞力不再充沛，而工資也大幅增高。

3.東歐及獨立國協——這個地區剛從共產主義的桎梏中解放出來，雖然他們的政府渴望外人投資，振與經濟，而且當地天然資源豐富，人力充沛，工資低廉，但令人擔憂的是：極度不安的政局，惡性通貨膨脹的經濟，使投資環境愈來愈惡化，令投資者望而卻步。

4.其他地區——無論非洲、中南美洲及中東的國家，無不歡迎外人投資，但這些地區多因政治不上軌道，經濟情況十分惡劣，即使有些牟利機會，但風險性高，無人敢去問津。

5.中國大陸——最近十二年以來，中共採行經改、開放的政策，計畫經濟與市場經濟同時存在的制度，乃使大陸經濟有了長足的發展，尤其沿海一帶，因藉外資之力，都有良好的表現。中國大陸對於吸引外資，不遺餘力，而優惠之多，非其他地區所能比擬。尤其大陸人力充沛而勤勉，工資低廉，土地租金便宜，也有不少可利用的天然資源。對於臺灣廠商而言，**大陸的投資環境較世界其他地區更可取，何況，既無語言上之障礙，又無文化上的適應問題，這就是何以最近三、四年，大批中小企業奔赴大陸投資的主要原因。**大陸並非沒有政治風險，但由於牟利程度高，一般廠商仍願冒此風險。中共十四大落幕後，中共的經濟政策是：進一步開放，快一些改革，同時倡言採行「社會主義市場經濟」制度。爲平衡其經濟發展，中共開放內陸，歡迎外人投資，並不以創滙爲必要條件。這些措施對外人投資有誘力，對臺灣的廠商更有誘力。

㈣**對生產因素的選擇**：生產因素，主要的爲人力、資金和技術。唯三者密切而有效的結合，始能產生高效率的生產和高品質的產品。

1.對人力的選擇——近十年來，臺灣一直有勞工不足現象，致使工資呈大幅上漲之勢。當勞工不足時，產業界能否引進外籍勞工以維持勞力密集產業的發展？事實上，即使能引進大量外籍勞工，也不可能使工資水準下降，更不能使外籍勞工維持低的工資水準。理由是：因引進外籍勞工而降低國內工資水準，必會招致國內勞工之反彈，引發許多社會問題。如果讓外籍勞工維持較低的工資水準，在短時間內或有可能，在長時間兩者的工資水準不會相差太大，否則，必會肇致糾紛，引起國際機構的干預。要引進外籍勞工應限於我們需要但國內不能提供的勞工。

2. 對資金的選擇——最可靠的資金來源是國內儲蓄。近年來，國內儲蓄率有迅速下降的現象。譬如，一九八六年，毛儲蓄率曾高達百分之三十九，而到一九九一年，便降至百分之二十九。這絕非是一正常現象，值得有關當局注意。借外債也是一條可選擇的途徑。韓國人借外債，發展產業而有今天的卓越成績；中南美洲的國家借外債，用來大興土木，結果經濟仍無成長。與外人合夥投資於與我們沒有邦交的國家，可以降低風險；投資於臺灣，也可藉此引進些經營上的技巧。

3. 對於技術的選擇——無論硬體技術，如生產技術；或軟體技術，如管理技術，均為產業升級所需要。但是如何擁有這些技術，則非一蹴可及。過去靠進口新機器帶來新的技術，顯然這條途徑已失去時效。靠自行研究與開發，自非一般中小企業的能力所及。因此需要引進技術人才，一則是由海外引進華人技術人才，一則是由東歐及獨立國協引進外國技術人才，一則是藉與中國大陸交流，引進大陸技術人才。

## 三、產業植根問題之商榷

近年來，許多中小企業紛紛到國外設廠，或者到大陸設廠，同時國內投資在國民生產毛額中所佔比例偏低，於是有人想到產業空洞化問題。爲使產業空洞化不發生，又想到產業留根臺灣的問題。雖然迄今尚無具體的證據，顯示臺灣已發生產業空洞化問題，但是長期而言，難免會使人憂心忡忡。

論及留根臺灣，並非不讓產業向外發展，而是將主根深紮在臺灣，讓其他的支根在世界各地發展，經由相互貿易和資本移動，使主根與支根聯結在一起，唯如此，產業的發展方有深厚的基礎與廣大的空間。

如何使主根深紮在臺灣？正如一棵樹一樣，要植根在什麼地方，而且還能使其長大、茁壯，必須要這個地方具備它生長的土壤、水分、陽光和四周環境。要使產業的主根深紮在臺灣，臺灣必須改善產業成長的環境。它包括：

1. 一個具和諧而安定的政治局面：就臺灣情況而言，國家認同已成爲一個危機信號。對國家不認同的結果，一方面臺灣內部會產生分裂現象，另方面會招致中共的武力威脅。一旦危機來臨，由誰來化解？又由誰來承擔？如不能化解，產業界會紛紛走避，而繁榮的臺灣會成過眼雲煙，不再存在。

2.一個清廉而有效率的政府：一個貪婪的政府絕不會維持社會公義，沒有社會公義的社會，社會秩序會蕩然無存。一個爭權奪利的政府不會有效率，在分秒必爭的時代，會使業者喪失有利的時機。

3.除此，完備而齊全的公共設施，完善而合理的經濟規模，不斷提升科技水準的研究環境，以及舒適而安全的生活環境均極需要。有了這些條件，產業的主根方能紮牢。

## 四、結語

在經濟自由化與國際化的前提下，政府既不宜限制任何產業的發展，也不宜對任何產業採行保護措施。處在這種情況下，臺灣的產業為了生存與發展，固要同外國產業競爭，又需突破區域主義所設的藩籬；固要將根深植在臺灣，又需向海外發展。為此，臺灣產業必須積極提升其技術層次，改變其結構。**繼續提升技術層次是改變產業結構的唯一途徑；而改善國內投資環境和生活環境，則是使產業根植臺灣的必要條件。**為使臺灣經濟持續成長，必須開拓各產業發展的空間，而掌握機先，運用海外資源，則是創造進一步發展的優勢條件。

（民國八十一年十一月十三日，淡江大學第一屆產業經濟學術研討會專題演講）

# 臺灣公營事業及其民營化的途徑

在過去四十年臺灣經濟發展過程中，公營事業曾扮演相當重要的角色，惟近年來，隨著經濟的持續成長，民營企業的迅速發展，國際競爭的愈加激烈，民代力量的日趨高漲，每一公營事業的發展無不面臨了嚴峻的考驗。繼續獨占？價格的不合理，已造成莫大的浪費；繼續經營？對外來的競爭幾無招架之力；經營企業化？現行法規的羈絆，困難重重；經營民營化？正爲各方所期待，但有效民營化的途徑，尚待探索、選擇與決行。

## 一、公營事業在臺灣經濟發展過程中扮演的角色

在臺灣，公營事業之形成有兩個重要來源：一爲日本在戰敗返日後所留下的企業，歸由政府經營；一爲企業性質符合⑴與國防有重大關係的工業，⑵有獨占性的公用事業，⑶關係

公共福利，而人民不願舉辦的事業，(4)足以影響國家經濟命脈的工業，(5)因風險較大或投資過鉅，人民不願冒險興辦，而應由政府倡導的工業。在一九七〇年以前，公營事業對於臺灣的經濟發展居舉足輕重的地位。主要的是因爲在那個階段，民營企業尚未發展起來，無力經營上述的工業。

公營事業具有下列三種功能：即經濟功能、財政功能和社會功能。

(一)**經濟功能**：公營事業提供經濟發展所需要的動力；而動力工業都是資本密集性的產業，如：電力公司、石油公司等。爲了發展工業，乃使用於工業生產的電力費用價格較低，用於消費性用途的電力費用較高，以便使有限的動力資源能產生較大的效用。

(二)**財政功能**：在經濟發展初期，人民收入低，征所得稅極爲困難，通常以間接稅爲之，藉以減少資源使用上的浪費。公營事業每年要繳納一定數額之盈餘，此種盈餘即間接稅的性質。這種產業若爲私營，其獨占利益多歸私人所有。如菸酒公賣的盈餘在一九六二年，曾高達臺灣總稅數的百分之二十七。

(三)**社會功能**：政府爲一般社會大衆提供公用事業的服務，使低所得階層有能力分享此服務。如公立醫院的收費較私立醫院爲低，政府經營的公共汽車可服務偏遠地區的民衆及經常虧本的路線。

由於臺灣經濟的迅速成長，民間企業由小型而大型的發展起來。二、三十年前，認爲民間無力舉辦的產業，現在民間企業亦有能力經營，而且在這類的產業活動中，民間企業成長快、活動力強，足以同公營事業一爭長短。

## 二、公營事業與民營企業經營之不同

在臺灣公營事業包括中央政府所經營的事業，及地方政府所經營的事業。在中央政府方面，有屬經濟部管轄的，有屬財政部管轄的，也有屬交通部管轄的。在地方政府方面，以省政府經營的爲多，由縣政府經營的，則不多見。無論由那一級政府經營，其預算的最後決定權係屬民意機構。民營企業係由私人所持有、私人所經營，預算的最後決定權爲董事會或公司老闆。有些產業既有民間投資，也有政府投資。凡政府投資額未超過資本總額百分之四十九，則爲民營性質；否則，爲公營性質。

公營事業多屬獨占事業，故無懼於外來的競爭，民間企業均爲競爭性產業。前者之獨占受國家法律的保護，後者要獨占，則受國家法律的限制。近年來，由於對外開放的範圍擴大，多年來由政府獨占的事業也受到了外來力量的挑戰，如菸酒公賣原爲獨占，現在必須面臨進口菸酒的挑戰，作因應的工夫。

公營事業無論在投入因素或產出成果都要受政府法規的限制，因此缺乏自主性和機動性，難以適應一個多變而劇變的環境，只有在封閉式社會及保護政策之下才能發展。如人事之聘雇、原料之採購，均需經一定程序，缺一不可。由於決策程序很長，往往坐失良機，造成成本的增加。更重要的，利益團體往往利用各種管道，影響生產因素的投入，對於價格之決定，有時須受制於民意代表的干預。每年所繳盈餘有時是民意代表「隨意」決定的，這對事業之經營產生極不利的影響。至於民營企業的決策，一個公司的老闆（通常是總經理）有極大的決定權，由於決策程序短，故能應環境的變化，改變其經營策略。

無論公營或民營企業，經營業績中都有呆賬須處理。呆賬是營運中難以避免的現象。在民營企業中，准許呆賬在總收益中佔某一百分數。在此百分數以內，可以自動沖銷；但在公營事業中，如銀行一旦有呆賬發生，主管者不但要賠償，還要坐牢，致公營事業的主管寧持保守態度，使業績萎縮，亦不肯冒風險去創造業績。

公營事業經營的目標是每年提供一定數額的盈餘給政府。為此，多從調整價格上著手。同時，公營事業需肩負政府交代的使命，而無任何收入，如鐵路之運輸兵員、輜重設備，無需付車費，民意代表搭乘火車，有特別優待；也有些公營事業為政府機構報銷外交性交際費等。在公營事業中，這些都是支出，但這些支出並不表現在成本賬上去。民營企業之牟利很難以調高價格的方式達成目的，因爲價格是競爭的主要手段。

## 三、公營事業民營化之原因

在一九七〇年代，一般人即察覺到有很多公營事業開始無法應付外來的壓力，一爲國內的壓力，即公營事業受到的責難愈來愈多，認爲公營事業在與民爭利，且不求長進；一爲外國的壓力，即公營事業獨占國內市場，禁止外貨輸入，有背公平貿易原則。這兩種壓力，便成爲公營事業民營化的主要催生劑。

正因爲部分公營事業衰弱不振，且連年虧空，成爲輿論批評的焦點，學術界便主張公營事業企業化，也就是說，在經營上採用民間企業經營方式，要能獨立決策，要有成本會計，也要有牟利打算。可是，要達成這個目的，首須修改審計法，但審計法爲國家大法，誰也不願動它；再就是採公營事業百分之五十一的股權讓予社會大衆，政府保留百分之四十九，但是決策階層又怕政府的獨占事業一變而爲私人的獨占事業，同時也擔心會成爲「圖利他人」罪嫌。公營事業企業化的構想便胎死腹中。

最近十年來，臺灣民智大開，各種社會運動風起。勞資糾紛首先在公營事業發生，環保糾紛也不斷出現在公營事業，而民意代表對公營事業濫權圖利之行爲已到明目張膽的地步。同時公營事業本身所暴露出的諸多問題，也成爲社會訴病的話題。於是民營化的呼聲便受到了社會大衆的注意。

由於公營事業在投入因素與產出價格方面受到法規的限制，已無法因應環境的變化及市場的需要，而經營效率的低落，已成爲公營事業的一般現象。效率低落的原因主要來自：⑴決策者缺乏機會成本的觀念，在策略選擇上往往好大喜功，不務實際；⑵人事無法精簡，在景氣不佳時，亦需儲備很多的員工，爲支持高級官員退休，須爲其安排不事生產的職位；⑶「與民爭利」與「圖利他人」的罪名常成爲公營事業主管在決策形成時的夢魘；⑷民間環保意識高漲，對公營事業因造成污染所付的賠償，在政客嗾使下，他們常需索無度；⑸多數公營事業爲獨占事業，已因貿易對手國「公平貿易」的要求，不得不開放市場，形成競爭局面，致獨占利益不再，但競爭非公營事業之長，基於這些原因的存在，公營事業民營化乃成爲政府不得不採行的對策。

## 四、公營事業民營化的障礙

儘管公營事業民營化漸成社會共識，但是，政府當局在嘗試民營化的過程中遭遇了困難，這些困難有內在的，也有外來的。

㈠利益團體的阻撓：現在的民主政治就是議會政治，而議會政治就是利益團體的彼此妥協。只有利益團體勢均力敵，才有妥協的可能；如果利益團體有獨占或寡占的勢力，利益團體就會左右議會政治。在臺灣，有些公營事業是屬省政府管轄的，所以它們的預算就接受省議會的審查與決定，正因爲省議會握有此權力，他們對省營事業就有干預的機會。他們不希望省營事業民營化的道理很簡單，就是說，一旦省營事業民營化了，審查預算權便落空，利用省營事業的根據便不存在。譬如，對省營商業銀行，他們以杯葛預算爲手段，要省營商業銀行按低利爲他們貸款，用來經營自己的企業。他們要省營銀行的主管寧可忍受其需索而不願得罪他們，以免失去職位或職業。

㈡員工的反對：另一個阻撓力量係來自企業內部的員工。在爲公營時，不論公司盈虧，他們都不會失業。他們的職位被稱爲「鐵飯碗」。一旦民營化，公司的老闆會以經營業績爲員工增減的依據，即在景氣不好時，會減雇員工藉以減少支出，減輕負擔；在景氣好時，則會增雇員工，以應業務的開展。公營事業的員工害怕未來會失業，對於民營化有種抗拒的心理。

過去很多公營事業的決策人物，當退休之後，仍在與公營事業有密切關係的企業擔任重要職務，這也是公營事業的決策人物不積極響應民營化的根本原因。

## 五、公營事業民營化之步驟

由於公營事業民營化有這些障礙存在，儘管「民營化」已被倡導了七、八年，但迄未見任何重要的公營事業完成民營化程序。無論如何，民營化已成爲世界潮流。在公平競爭的要求下，如何達成公營事業民營化，必須要有個步驟。

㈠**事前的個案研究**：公營事業民營化需經縝密的策劃與按次序的進行，始克有成。因爲臺灣的公營事業有很多型態，每一型態的事業，都有政府交付的使命、經營的目標和人事制度。事先須將所有公營事業列出個次序表來，即何種公營事業先民營化，何者要以後民營化，甚至在現階段不宜民營化。確定了這個次序之後，就應對每個公營事業作民營化的評估，包括民營化時所牽涉的各種問題及其解決之道。

㈡**對獨占性事業的處理**：很多公營事業係屬獨占性。如果民營化後仍爲一獨占事業，其對市場機能造成的不利影響恐非始料所及。對於這種事業之民營化，必須將其獨占性化爲競爭性。要維持一個事業的規模經濟而不產生獨占性質，是處理的基本原則。

㈢**對人員的安置**：在很多公營事業，冗員是存在的，民營化後，必然要解僱這些冗員，但這不是簡單的事。遣散是民營企業常採用的方式，遣散費的訂定須有一適當的標準。如過多，民營化的公司將不勝負擔；如過少，必會肇致糾紛。另一種是對員工施以轉業訓練或在職教育，使員工能適應新的工作環境。

㈣**對股份的分配**：公營事業民營化後，政府應握有多少股份比較適當，迄無定論，這要看每一公營事業的性質。在研究過程中，需要加以評估。對於原有員工的遣散，將公司的股票折爲遣散費，也是減輕公司負擔的一種方式，同時也可使遣散的員工保有一份股權。

㈤**民營的時機**：在臺灣，公營事業的單位相當的多。如果在一個時間內，使民營化的公司股票一齊上市，不但會擾亂了股市，也會使股價大幅降低，這樣徒使被民營化的公司損失很多。所以，在民營化的時機上，應有先後之分；而在發行股票時，必須把握公債發行及民營銀行股票發行準確時間，以免撞期。

## 六、結語

今後，任何一個國家都無法閉關發展，必須面對競爭的世界求發展。任何企業，都無法保有獨占的局面，必須參與競爭，為贏得競爭的勝利，經營效率為關鍵因素。顯然，很多公營事業因無法提高效率已無法因應世界的變局。因此民營化已成為必走的道路，為使公營事業民營化順利完成，需要政府拿出魄力，排除障礙，有次序、有步驟地執行民營化的政策。

## 參考文獻

1. 于宗先、吳森田、林騰鷂，《國營事業經營範圍與管理制度之研究》（委託研究報告），中華經濟研究院，民國七十二年。
2. 于宗先，《臺灣經濟發展經驗之啓示》，邢國強主編：華人地區發展經驗與中國前途，政大國關中心，民國七十七年，頁三四七—三七四。
3. 李國鼎、陳木在，《我國經濟發展策略總論》，聯經出版公司，民國七十六年。

4. 潘銑甲，《民營企業的發展》，聯經出版公司，民國七十二年。

*此論文曾於民國八十年十二月五至六日在香港舉辦的「當前大陸、臺灣與香港經濟與管理問題研討會」上提出。

（原載《中信通訊》第一八六期，民國八十一年七月）

# 臺灣鋼鐵工業發展的遠景

## 一、前言

讀經濟發展史，我經常爲這個問題所困惑：鋼鐵工業與經濟發展究有何種關係？鋼鐵工業常被視爲重工業之母，且關聯性高的產業，舉凡機械、電機、運輸工具、建築乃至國防工業，無不依賴鋼鐵工業的發展。可是工業發展史又告訴我們，鋼鐵工業曾在第二次世界大戰結束之前，開始從德國、英國沒落；一九三〇年代在美國興起，一九七〇年代起開始從美國沒落；一九六〇年代起在日本興起，一九八〇年代起開始在日本呈疲憊之態。但是這些國家的經濟並沒有沒落，這是什麼意義？

鋼鐵工業的發展與經濟發展到底有什麼關係？是正相關，還是負相關？還是先呈正相關，經若干年後，再呈負相關？很多人認爲是正相關的，也就是說，經濟愈發達的國家，它的鋼鐵工業也會愈發達。鋼鐵工業愈發達的國家，是否表示這個國家的經濟愈發達？今天，我以臺灣鋼鐵工業發展的遠景爲題，嘗試去說明它們的關係，並對臺灣鋼鐵工業發展的趨向，作一前瞻性的說明。

## 二、經濟發展初期階段對鋼鐵工業發展的看法

在民國四十年代，對臺灣該不該發展鋼鐵工業，曾有些論爭，有些人認爲鋼鐵工業的發展可帶動其他工業的發展，因爲它是火車頭工業；但也有些人持相反的看法，即鋼鐵工業爲一重工業，需要資金龐大，且爲非勞力密集工業，就業效果較小。在一國經濟發展初期階段，往往是資金缺乏，非就業人口多。在這個階段，發展鋼鐵工業，資金來源成問題，也不能創造較多就業，而且市場需求也不大。明顯的例子是印度以及中共佔據大陸的最初三十年，它們都發展了鋼鐵工業，卻未帶動其他工業的發展，也無助於國家經濟的成長。

發展任何工業，絕不是爲政者要想發展什麼工業，就能發展什麼工業，他們必須考慮**「比較利益原則」**。所謂比較利益原則，就是運用自己所能掌握的比較豐富的生產資源，生

產一些商品，然後去換取那些由自己生產不利但極爲需要的商品，忽略這個原則，必會造成資源的浪費，得不償失的後果。

鋼鐵工業的發展與一國市場大小有密切關係，因爲鋼鐵生產需要有一定大的規模，而大規模的生產須先有胃納它的國內市場。如果國內市場小，那就必須要出口。凡出口的商品必須參與國際競爭。要參與國際競爭，必須具高的競爭力：即高的品質和較低的價格。如果所用的原料是靠進口，所用的生產機器也是靠進口，而所用的資金來自借貸，則其勞工成本必須低廉。如果勞工不夠低廉，發展鋼鐵工業就受很大的限制。世界上能發展鋼鐵工業的絕不是小國，像新加坡、香港、汶萊等就不適宜發展鋼鐵工業。

當一個國家發展到成熟的階段，而人口不再大量增加時，便不利鋼鐵工業的發展，因爲公共設施齊備，不再巨幅增加，而民間建築需求也因人口壓力的減輕而相對降低。對大國而言，在戰爭時期或軍備競賽期間，對鋼鐵需求量較大，鋼鐵工業發展較易；在昇平之世，對鋼鐵需求量較小，鋼鐵工業發展較難。對小國而言，對鋼鐵需求與戰爭與否之關聯性不大。

## 三、臺灣鋼鐵工業發展之回顧

在臺灣經濟發展的最初階段，政府並未設立大鋼廠，而民間的鋼鐵廠規模也不大。在一九七〇年代以前，臺灣一般鋼鐵廠所用的鋼料均非自鐵礦砂冶鍊而成，主要是賴進口的廢鋼。變廢鋼爲有用的鋼所需工廠不必太大，而技術也不必太高，因爲鋼的用途不是爲製造精緻的機器、用具，而是用作建材及普通器材。到一九七〇年，由於廢鋼價格高漲，進口的廢鋼便被拆船得來的鋼所取代。事實上，臺灣自一九六〇年代起，便進口廢船，以一九七三年而言，進口之廢船達二百七十二艘。由於一九七〇年代拆船數量十分可觀，臺灣便被譽爲「拆船王國」。當時由廢船拆下來的鋼曾高達所需鋼料的百分之七十。到一九八〇年代初，由於工資的大幅上漲，無法同其他開發中國家競爭，拆船業便逐漸失去優勢。況這種行業需要碼頭設備，而租費不斷增高；又是一種汚染源，受環保限制之程度愈來愈大。復由於國內業者在購廢船時，是以競價購進，致成本大幅提高，拆船業也就因此日趨沒落。

爲使鋼鐵供給穩定，並能帶動相關產業之發展，政府便於一九七一年正式成立中國鋼鐵公司。這個公司屬於國營事業，且係一貫作業方式生產。在一九八〇年代，這個大型產業對供給國內所需鋼材起了相當大的作用。到一九八〇年代末，鋼鐵公司尚有餘力外銷，賺取不少外滙。但由於中國鋼鐵公司屬國營事業，在發展上，受了不少限制。

## 四、臺灣鋼鐵工業面臨的挑戰

在臺灣發展鋼鐵工業猶如發展石化工業一樣。臺灣本身無鐵礦砂可資供應，必須賴進口。如何掌握進口，使鐵礦砂供給穩定，十分重要。鋼鐵工廠之設置需要較多的土地和資金。臺灣土地供給固受限制，而資金之來源亦非取之不盡，用之不完。處在這種生產背景，鋼鐵工業又面臨很多挑戰，最重要的爲：

**㈠先進國家保護主義之挑戰**：目前先進國家都建立了區域主義，如北美的自由貿易協定、歐洲的單一市場組織。區域之內，盛行自由貿易；區域之間，則有保護主義的措施。這些區域內的國家都發展了鋼鐵工業，所生產的普通鋼材多失去了比較優勢，致市場競爭力衰弱，爲使它們的鋼鐵工業屹立不墜，對進口鋼鐵，多採取了一些限制，如何突破此種限制？所依賴的是生產技術。要提高生產技術，必須引進高的科技，但一般鋼鐵公司多缺乏此種意願。

㈡開發中國家參與國際競爭：很多開發中國家，當其政局安定而經一段時間的發展之後，多選擇鋼鐵工業爲它們發展的工業，因爲它們也認爲鋼鐵工業的關聯效果大，而且還代表一個國家的力量。正因爲這些發展鋼鐵工業的開發中國家勞動成本低廉，甚至自產鐵礦砂，故有較大的比較優勢，在國際市場上也就有較大的競爭力。

㈢原料產出國的惜售政策：鐵礦砂爲鋼鐵的原料，但這種原料並非是「取之不盡，用之不竭」。任何擁有鐵礦的國家無不重視其鐵礦的價值。臺灣未擁有鐵礦，自無此種感覺。這些擁有鐵礦的開發中國家，在經濟發展初期，爲了賺取外滙，不惜出口大量的鐵礦砂，但待其經濟發展到較高階段，爲了創造更多的附加價值，對鐵礦砂便不輕易出口。這正與菲律賓、印尼等國不再出口原木的情況一樣。

㈣材料科學的發展：材料科學的迅速發展，對鋼鐵也產生了代替的效果。如鉛、塑膠、陶瓷、玻璃在某些用途上，會取代鋼料，尤其合成材料，在性能上往往較鋼的強度爲大，在價格上較鋼爲低，在重量上較鋼爲輕，故近年來漸受工業界的重視。

## 五、臺灣鋼鐵工業發展的趨向

為因應挑戰，並贏得競爭中的勝利，臺灣鋼鐵工業的未來發展，則有下列的選擇：

㈠**民營化趨向**：臺灣的主要鋼鐵公司為國營事業，舉凡國營事業，無論在擬定預算、投資或管理，均受到政府法規的限制及民意代表的干預，致無法因應市場的變化，作有效的運作，因而造成資源的浪費及效率的不彰。為除掉這些弊端，國營的鋼鐵公司勢必要走向民營化。無庸諱言地，國營事業民營化正受到多層障礙，例如既得利益，包括民意代表的反對、想永保鐵飯碗的員工的反對。政府應有魄力除掉這些民營化的障礙。

㈡**多角化經營**：為圖生存與發展，一如其他產業的公司，鋼鐵公司不宜僅生產一、二種產品而忽略其他產品的經營，於是多角化經營乃成為很多鋼鐵公司經營的方向，例如美、日鋼廠已朝向鋼鐵加工、海洋工程建設、工業塑膠成型等方向發展；韓國浦項鋼廠已經營裁剪中心與電腦業。多角化經營的主要目的是為分散風險，使公司有更大的應變能力。

㈢**垂直分工**：為了利用地區上的比較優勢，一個工廠的一貫作業並非必要，垂直分工所產生的附加價值更多。垂直分工主要考慮三個條件：⑴技術水準有差距，⑵勞動成本有高低，⑶原料能否自產。高的技術水準和高的勞動成本可生產品質高、價格亦高的產品；低的技術水準和低的勞動成本可生產品質低、價格亦低的產品。若本國能自產原料，較適宜從事上游階段的生產。為提高產品的附加價值，垂直分工成為一種重要的策略。

**㈣投資地區的選擇**：今天的企業家有很大的選擇自由。鋼鐵公司應選擇什麼地區投資？澳大利亞盛產鐵礦砂，俄羅斯也盛產鐵礦砂，而中國大陸的鐵礦砂蘊藏量也不少，鋼鐵業的最佳選擇是什麼？從比較優勢的觀點，我們認為中國大陸對臺灣的鋼鐵業有較大的比較優勢，這不僅僅是因為大陸勞動及土地成本便宜，也是因為語言、生活習慣相同。

**㈤與大陸合作的可行性：**

1.合作的基礎

合作是基於互利。站在利的立場，臺灣與大陸值得合作。譬如**臺灣擁有資本、技術、管理和行銷管道，而大陸具備的，乃廉價的勞工、土地以及原料。如果臺灣與大陸能相互提攜，必會創造出一種比較優勢，且為其他國家所不及。**

2.合作的途徑

在未來，大陸所需要的鋼材主要是普通鋼，因為大陸在未來十年是公共設施亟待興建的十年，而民間建築之更新亦接踵而來，這些建築所需要的是普通鋼，故大陸的普通鋼市場會相當的大。兩岸合作生產普通鋼材具很大的比較利益。今後臺灣所需要的鋼材以精緻鋼較重要，生產精緻鋼需要更高的技術水準。兩岸進行垂直分工，即上、中游生產在大陸，下游生產在臺灣，應對兩岸鋼鐵工業的發展都有利。今後兩岸都會成為關貿總協的成員，屆時無分國內市場與國外市場，激烈競爭爲必然趨勢，爲了肆應這種競爭，兩岸進行垂直分工應是必要的選擇。

## 六、結　語

在結尾時，我們不妨提出三個問題，供大家思考：

㈠「進口代替」是否為發展鋼鐵工業的充分理由？

多年以前，不少人認爲發展鋼鐵工業可取代進口鋼鐵，從而節省外滙。正如前面所述，臺灣不出產鐵礦砂，爲了生產鋼鐵，必須進口鐵礦砂；臺灣不能製造生產鋼的機器設備，必須進口這些機器設備。但是，進口需支付外滙。在此情況下，除非工資較他國爲廉，效率較他國高，才能以自製之鋼鐵取代進口鋼鐵，甚至有力出口，如果所製的鋼鐵不能出口，不但無法節省外滙，若以其作中間產品或零件時，必會增加成本，也會影響產品的品質。

㈡臺灣是否擁有發展鋼鐵工業的比較優勢？

在臺灣，生產普通鋼的前途委實有限，雖然六年國建計畫需鋼量很大，但六年國建計畫完成之後，對普通鋼需求會減少。不過，臺灣尚有生產精緻鋼材的比較利益。以勞動成本而言，臺灣仍較美、日爲低，以管理效率而言，臺灣並不比美、日爲差，只是在生產技術方面，臺灣較美、日落後。綜合而言，臺灣有發展精緻鋼工業的條件。精緻鋼材應用的範圍很廣，諸如機械性機能材料、熱性技能材料、化學性技能材料、電氣電子性機能材料，以及磁氣性機能材料，都需要精緻鋼材。

### ㈢臺灣與大陸合作發展鋼鐵工業是否會使臺灣鋼鐵業空洞化？

如果在臺灣不能使鋼鐵廠生產精緻化，一待加入關貿總協，則臺灣發展鋼鐵工業不具比較利益之形勢已十分明顯。在此情況，也會發生產業空洞化現象。如果我們在煉製精緻鋼鐵方面有成就，臺灣仍具比較優勢。如果臺灣與大陸合作生產鋼鐵，不但爲大陸鋼鐵工業提供發展的助力，使大陸各項建設對鋼鐵需求無虞，而且也爲臺灣鋼鐵工業提供了發展的機會，部分大陸鋼廠可生產普通鋼，而臺灣全力生產精緻鋼，兩者密切配合，足可應付兩岸不同的需求，使鋼鐵工業有進一步的發展。

最後，我們可作如下的結語：在臺灣獨立發展普通鋼工業，勢將失去比較利益；如與大陸合作生產鋼鐵，普通鋼在大陸將有大量的需求；精緻鋼則在臺灣及國際市場均會有其銷路。

（民國八十一年十二月二十九日，兩岸工業研討會專題演講，曾載於《工商時報》，八十二年一月二十五日及二十六日）

# 從經濟管制演變為經濟自由化的探索

人類經濟活動的目的，主要爲對生活的不斷改善及對慾望的最大滿足。然而，要達成這個目的，並非易事，因爲在改善生活過程中，要受很多限制。這些限制有的來自生活資源的供應不足，有的來自法規的強制約束。處在這些限制情況下，人類選擇的自由度也就受到了限制。對於一個貧人而言，他選擇的餘地就很小；對於一個富人而言，他選擇的範圍也就比較大。所以，自由選擇的權利並不是與生俱來的。

對於一個社會或國家而言，當其處於貧窮落後階段，要想達到致富強國的目的，亦受很多限制。當這個社會或國家的經濟有了相當的發展，人民生活水準普遍的提高，它所受到的限制就會逐漸減少。由於一個社會或國家之總資源畢竟有限，當政府大興土木時，就會抑制人民生活水準之提升；爲處理國家危難時，也會限制人民的自由。當這個社會或國家拓展對外貿易而使總資源增加，而人民生活水準不斷提高，政府則會減少某些限制，使人民對利用資源有更多的自由選擇機會。

我們嘗試從這個觀點，探討近四十年來臺灣經濟從管制到自由化的演變。爲此，我們將依次探討：⑴經濟管制的根由；⑵民營化與經濟自由化；⑶經濟自由化的障礙；⑷經濟自由化的範圍；⑸經濟自由化的推力；⑹結論與建議。

## 一、經濟管制的根由

爲什麼會有經濟管制？它是必要的，還是權宜之計？由於每一個國家的制度不同，很難找出共同的答案。就戰後各國經濟發展的情況來看，在一個獨裁的國家，政府在經濟活動上所作的各種管制，主要是爲了控制人民的「胃」，以達到服從的目的。因爲胃對維持一個人的生命非常重要，如果胃被控制，很容易達成服從的目的。像共產黨執政的國家，在經濟上所作的各種管制，就是爲了使人民服從，供其驅使。在一個較自由的落後國家，政府在經濟活動上所作的管制，主要是爲了使匱乏的資源得到有效的運用。因爲資源不足，無法滿足各種需求，只有對需求加以管制。

玆以臺灣的情況而言，它是經歷過經濟管制，而後逐漸演變爲經濟自由化的。臺灣的經濟管制，概括言之，有三大根由：卽貧乏、保護和安全。

㈠貧乏：戰後的臺灣是相當貧乏的❶。臺灣受戰爭摧殘相當厲害。光復後，百廢待擧之際，大陸情勢逆轉，約二百萬軍民撤退來臺，使臺灣經濟更加拮据。在民國四〇年代，物資不足，而外滙極端缺乏。爲使軍公敎人員無基本生活之虞，免除物價暴漲之苦，乃實施配給制度；對於有限的外滙，亦限制人民的自由使用。爲了掌握資源，對於與民衆有密切關係的產業，歸由政府經營。在嚴重的通貨膨脹時期，物資的供給不足是主要原因。爲了抑制通貨膨脹，政府往往採行價格管制措施，儘管這種措施的效果不大❷。

㈡保護：經濟的限制是爲了達成保護的目的。政府採行保護措施，一是爲了保護幼稚工業的成長，乃限制進口；一是爲了保護某一階層人的利益，減少社會問題的發生。保護幼稚

---

❶ 二次世界大戰期間，日本以臺灣爲進軍南洋之基地，臺灣的青年被征去支援日軍的南侵，臺灣的糧食被收去供應日本人生活。尤其戰爭末期，盟軍轟炸臺灣主要城市，無論交通設施及重要建築均遭受嚴重破壞，人民生活極爲困苦。

❷ 政府當局認爲物價經管制之後，必定不會繼續上漲。但其效果多不如理想。譬如民國六十二年第一次石油危機發生時，國內物價暴漲，政府乃採管制物價上漲的措施。在嚴厲的管制之下，很多商品消失於市，也有些商品雖維持原價，但品質降低。當政府放鬆物價管制，消失的商品又充斥於市，而且品質也不會降低。

工業的思想源自德國經濟學者李士特的主張。根據李士特的主張，一種剛創立的工業，如果在它成長初期不加以保護，它會經不起外來的競爭而夭折，所以需要在它成長初期，加以保護；一旦長大，則不再保護。當時保護成功的事例一定會有，否則，不會有那麼多人相信他的主張，且奉爲圭臬。在臺灣，汽車工業的發展曾受到政府的長期保護，結果，迄今並未達成當初所懸的目的。政府保護這種工業的方式是嚴格限制汽車進口❸。至於保護是爲了維護某一階層人的利益，這類的事例也很多。例如政府考慮到在工業化過程中，農民收益相對減少，政府爲了使農民收益能保持某一水準，乃對許多農產品，採取價格保證措施，如米價、糧價。

㈢安全：政府爲了國防安全理由，在經濟上也往往採取某些管制措施。譬如自民國三十九年至六十八年，臺灣海峽一直處於緊張狀態。爲了禦敵，禁止兩岸船隻來往；爲了備戰，

❸民國四十五年裕隆汽車公司成立，並開始製造吉普車及小轎車，政府對其發展加以保護，之後，福特六和汽車公司成立，亦被列入保護對象。政府採取高關稅的方式，限制外國汽車進口，致這兩家汽車公司的價格較外國的爲高，而性能亦較差。在當時限制汽車進口的方式是課徵百分之一百的關稅。進口汽車被課關稅之後，再被課以貨物稅。致在美國用美金一萬元可買到的汽車，在臺灣要付美金二萬五千元以上的代價。

對軍需物資作安全存量。爲了防諜保密，對郵電加以管制。同時，爲了社會安全，對特種物資之使用亦嚴加管制，如毒品、槍械等。

爲了國防安全，很多海港、水域及海灘置於軍事管制之下，使它們無法產生經濟效益。當國家處於危機局面，政府頒布的戒嚴法令會使很多經濟活動受到管制。

當然，這些經濟管制的根由並非長期存在。消除「貧乏」的方法爲經濟不斷的成長，社會財富不斷的累積；消除「保護」的方法，除需要內在的檢討，更需要外來的壓力。消除「安全」的方法，則需要這個社會治安良好，人民生活安樂。

## 二、民營化與經濟自由化

在討論經濟自由化之前，我們須先釐清民營化與經濟自由化的關係。民營化並不等於經濟自由化，但民營化是經濟自由化的基礎。當所有企業均爲國營時，經濟自由化的局面便不可能出現。民營企業與國營事業在性質上並不相同。前者係由民間所經營，自利爲動機；後者係由政府所經營，其存在的目的係爲完成某些特定使命❹。國營事業之自主權很小，它受制於一套官僚系統，決策程序長，易受民意代表的影響及利益團體的左右，民營企業之自主性高，經營主管有很大的決定權，盈虧自負。

要經濟自由化，國營事業民營化是必要條件，但非充分條件，因爲民營企業也要受政府法規的管制。譬如民營企業對原料的採購，要限定某一區域❺，對所需的外滙，需要向政府申請，經核准後，始可結滙。有時，對原料的用途也要受某些限制，譬如進口原料用於生產輸出品時，則受到獎勵，否則，得不到任何獎勵。

以臺灣的情況而言，民營企業之活動範圍較大，它可在國內發展，亦可在國外發展，但國營事業之活動，有時受很大之限制。卽以設分支機構而言，民營企業視需要而設之，但國營事業常無此種自由。民營企業可隨環境之改變而作適當的因應，國營事業則受特定使命的限制，無法因應新的環境。在臺灣，國營事業多有獨占權，享有獨占利益，民營企業則無此種權利，它們必須參與市場競爭。如果國營事業所經營的亦是一種與民間企業競爭的事業，

❹ 臺灣國營事業有三種特定使命，一爲協助經濟發展的使命，例如工業用電，其電費特別低；電是由臺灣電力公司供應的。二爲充裕財政收入的使命，卽每一國營事業每年需繳納一定數額的盈餘給政府，因爲在經濟發展初期階段，課徵所得稅相當困難，國營事業盈餘乃成爲最主要的財政收入。三爲提供社會福利的使命，例如公立醫院，對病人收取很低的掛號費及診斷費。

❺ 例如爲了平衡國際收支，對某些產品，限定必須由美國進口。由於與共產主義國家處於敵對關係，政府限制業者由這些國家進口。

則此國營事業往往非民間企業之對手，因爲它們本身受了太多的限制。如民國四〇年代之紡織工業，曾有部分爲國營，由於競爭的結果，無不紛紛倒閉。

由此可見，一國之經濟活動要自由化，國營事業必須也要民營化，參與市場競爭，否則，這個國家的國營事業享有特權，要達成經濟自由化的目的，就相當難。

## 三、經濟自由化的障礙

在臺灣，經濟管制已有多年，爲什麼要經濟自由化？顯然須有些強烈的理由。主要的理由爲：⑴經濟限制日久，會培養許多既得利益階層，造成社會的不公平。如獨占利益，因其爲人們所享有，故爲一種社會不公平。⑵經濟限制會造成消費者剩餘的不存在，而是消費者損失的增加。⑶經濟限制會產生效率不彰的後果。因爲在經濟限制之下，就缺乏競爭，也就難有進步，而且容易使人傾向保守，不求革新。對產業而言，效率不彰是產業趨向沒落的主要原因。由於經濟管制有這三種缺點，經濟自由化乃成爲一種趨向。可是要達成經濟自由化並非一蹴可幾。尤其在一個以少數利益團體所壟斷的民主政治社會，經濟自由化所遭遇的困難更多。像臺灣就是一個明顯的例子，雖然經濟自由化已倡導了八、九年，但其成效不彰。

為什麼？因為它遭遇的障礙太多，即以國營事業民營化而言，迄無有效對策來克服。

㈠民意代表的抵制：經濟自由化的功能就是使人享有經濟機會的平等。無論達官貴人或販夫走卒，均不得享有特權。經濟限制的結果會使少數人成為既得利益階層。他們為了維護既得利益，不願意經濟自由化。我們知道，國營事業一向是既得利益階層所染指的地方。例如臺灣的三商銀（即第一商業銀行、華南商業銀行和彰化商業銀行）之民營化一直沒有進展，原因是有部分民意代表不贊成它們的民營化。由於它們均為省營事業，其預算須省議會通過，方能執行。於是部分省議員利用預算審查權，向這些商業銀行借錢，借到之後，常到期不還，致形成呆賬；他們也向這些銀行推介人員，且左右其升遷，使銀行的人事制度無法建立。如果三商銀變為民營，這些特權便不存在，而既得利益也會被揭露出來。

㈡員工的反對：在國營事業工作的員工被辭退的機會很少，因此，國營事業的工作被視為鐵飯碗。即使處在經濟蕭條時期，生產累減，國營事業也不會將員工辭退。國營事業一旦變為民營，員工的工作便無長期的保證。有時不景氣來臨，經營困難，老闆會以辭退部分員工的方法，減輕支出，度過難關。有時因為員工工作不力，老闆也會將其辭退。國營事業的員工考慮到這些問題時，再經誇大與渲染，便反對國營事業民營化。

㈢對民營化時機的考慮：國營事業民營化的途徑是將國營事業的股票售給社會大衆，由社會大衆分持國營事業的所有權。但是，因爲國營事業受政府管轄，立法機構監督，政府主管當局深恐「動輒得咎」，對於出售國營事業的股票，十分謹慎。按理，應在股價高時，將股票售出，可以多得收益，事實上，主管當局並不敢如此做。因爲在股價高漲時，社會大衆會搶購國營事業的股票，可是當股市萎靡，股價暴跌時，持有國營事業股票的人會向政府遊行示威，要求政府彌補他們的損失。如果在股價低時，國營事業釋出股票，則會有兩個結果：一爲收入不多，一爲有「圖利他人」之罪嫌。基於這些考慮，主管當局對釋出股票的時機一直不敢決定。

**(四)對財政收入的顧慮**：絕大多數的國營事業爲獨占事業，其所產生的利益爲獨占利益❻。而這種獨占利益並不屬於國營事業本身，而是成爲政府財政收入的一部分。在所得稅制未建立時，國營事業的盈餘成爲政府財政收入最重要的一部分。如臺灣的煙酒係政府獨占事業，由煙酒出售所獲之利益曾是臺灣省政府財政收入中最大的來源。有很多政府官員、民意

---

❻政府事業獨占與民間企業獨占，在目的上完全不同。在臺灣的國營事業大部分爲獨占事業，其利益中的大部分要交上級主管機構，成爲財政收入的一部分，然後再用之於政府支出，而民間企業屬獨占事業，其獨占利潤可能交稅，也可能不交稅，因爲它歸爲個人所得後，完全要看個人的納稅態度。以臺灣的情況而言，不逃稅、漏稅者極稀。

代表非常憂慮國營事業民營化後，必須獨占利益所構成的財政收入便失去了保障，因爲民間逃稅風氣很盛，政府會因此而收不到所應收到的稅額。這種顧慮成爲政府當局猶豫不決的主要原因之一。

㈤**對低所得階層接濟的考慮**：國營事業民營化之後，其所訂價格爲市場價格，不論貧富，均須適用於此種價格。但是國營事業中，有些事業是以補助貧者或低所得階層爲職志。在過去長時間中，他們一直享受此種補助。如果此種國營事業民營化，此種補助便不會繼續存在，因爲民營企業不會扮演聖誕老人的角色。例如在通貨膨脹趨向嚴重的時候，政府爲顧及低收入階層的生活，常使應該漲價的國營事業產品不漲價。

以上五種理由均言之成理。阻礙國營事業民營化的主要障礙應是民意代表的抵制，因爲他們有審查預算的權力、修法與不修法的權力。至於員工的反對，那不是牢不可破的障礙，只要對國營事業員工的出路作適當的安排，就會削弱他們的抗爭力量。其餘的三個理由只是屬於「顧慮」。我們仍可針對這些顧慮，提出適當的對策，使其化爲烏有。

國營事業民營化雖不等於經濟自由化，但如前述，它是經濟自由化的必要條件。我們可以想像到，在一個國營事業充斥的社會，要想使經濟自由化，確是障礙重重。

## 四、經濟自由化的範圍

經濟自由化的範圍到底有多大？是充分的自由而漫無限制，還是仍受某些規則的約束？大家所瞭解的並不完全一致。西方人用解除管制（Deregulation）來解釋自由化，這是否卽意味任何經濟活動只要不受管制就是自由化？這種解釋仍然不夠清楚。正如汽車在高速公路上飛馳，如果大家都不遵守交通規則，而在高速公路上飛馳，我們可以想像到它所產生的後果會有多嚴重。再如在運動場上賽跑，如不遵守運動規則，那就很難評定誰是第一名。如果將這個道理應用到經濟活動，那麼經濟活動也必須有些規範來遵守。這些規範也有管制的意味。不過，這些規範適用於所有參與經濟活動的企業，絕非僅適用於甲企業而不適用於乙企業。它含有平等的涵義，卽無企業享特權。

大家都知道，價格是由供需力量決定的。如果供給大於需求，價格會下降；如果供給小於需求，價格會上升。**經濟自由化的意思是：無個人或企業能操縱供給或需求。**任何產品的供給通常來自國內生產和國外輸入。對於國內生產，應當是無人能獨占、寡占，對於輸入，不應以高關稅率或非關稅障礙來限制輸入。對於該產品的需求，也應是無人能獨占或寡占。

在一個經濟自由化的社會，企業單位的加入或退出均不受限制。卽在任何一種產業，無企業獨占現象的存在。在這方面，有兩種意見：一爲完全自由加入或退出，政府不作任何限制；一爲對企業的加入，視提供產品的性質，對加入的數量作某種程度的限制，以免惡性競爭，兩敗俱傷。像美國各州的律師、醫師，在某一期間內，各州均有定額，爲符合此定額，往往利用資格考試，作嚴格的限制，以免供給過多，降低該行業的收入。

事實上，完全經濟自由化的國家並不存在。卽以美國的供給而言，產品的供給因受到某些限制，如對輸入，採用配額制；而勞務的供給所受到的限制更大。迄今，美國對外國勞工移入仍不是自由的。

在國際貿易上，如屬對數量的限制，不應視作一種經濟自由化現象，對品質的限制，應屬合理的要求，也應符合經濟自由化的原則。例如對進口水果作病蟲害的嚴格檢驗，凡不能通過某一標準者，則不得進口，用以保護消費者利益，也防止國內水果之受感染。對藥品的進口，通常也是採取嚴格的檢驗，以免有害身體健康。

常令人困惑的是：中央銀行參與外滙交易是否爲一干預行爲？最近三、四年來，美國政府常批評我們的中央銀行干預滙市，使新臺幣未對美金繼續升值。站在中央銀行的立場，中央銀行在滙市，有時購進美金，有時又出售美金，其目的是希望滙率穩定，但不是以法令將滙率訂在某一水準。問題在於：中央銀行的買賣外滙行爲是否有獨占的力量。如非獨占，中央銀行可被視爲一個外滙貿易商而已。顯然，界定經濟自由化的範圍並非易事。

## 五、臺灣經濟自由化的推力

就臺灣的情況而言，經濟自由化的措施並非自民國七〇年代才開始推行，其實，在民國四〇年代就開始了，如四大國營事業之民營化❼。相對的，經濟管制也是以戰後的十五年爲最厲害，原因就是全省物資奇缺，而且又要戰備，以防敵人圍困。自五〇年代起，由於經濟發展有了顯著的成果，政府已無捉襟見肘之困境，關稅稅率開始降低，對進口的管制也逐漸鬆解。到了六〇年代晚期，利率的決定也發生了變化，不再由政府決定，而是由數家銀行共同議定。到了七〇年代初，對外貿易連年出超，外滙存底大量累積，民間游資充斥，「民股富」的現象已呈現出來，於是政府對各種經濟管制作大幅度的鬆解，如准許人民出國觀光，

❼民國四十二年政府爲實施土地改革政策，決定以四大國營公司：臺灣水泥公司、臺灣紙業公司、臺灣工礦公司及臺灣農林公司的所有權交換大地主的土地，藉以使「耕者有其田」的目標得以達成，同時也使農林資金轉向工業。很多人認爲這是臺灣經濟發展過程中一件劃時代的大事。

關稅稅率大幅調低，進口限制大量放寬。更重要的是，在民國七十四年，政府宣布要推行經濟自由化、國際化，這一倡導使臺灣經濟確已邁向大幅鬆解的途徑。接著國營事業民營化之呼聲可說響徹雲霄，利率由市場決定，滙率亦由市場決定，政府對外滙之滙出、滙入數額也作了大幅度的放寬。造成經濟自由化熱潮的力量有二：一爲內在的自發力量，一爲外來的壓迫力量。

㈠自發力量：國內的業者及一般社會大衆均認爲臺灣不再是個貧乏的地區，應該在經濟上作大幅度的開放，而且中國大陸亦自民國七十八年起實施經濟政策及對外開放政策，使海峽的軍事威脅大爲降低。政府順從社會輿論、大衆需要，便積極推動經濟自由化及國際化措施。

㈡外來壓力：自民國七〇年代始，中美的外交關係雖然中斷，但經濟關係益加密切。臺灣對美國的輸出曾占總輸出的一半❽，而大量的貿易出超主要來自美國。美國政府爲了平衡

---

❽ 在民國七十三年及七十四年，對美貨物輸出分別占當年貨物總輸出的百分之四九·七和四九·三。自後，此一百分數便趨下降。

其貿易，乃對造成其貿易入超最大的國家❾，採取諸多措施，諸如要求對方大量開放進口，取消對出口產業的獎勵措施。如果對方的反應不符合自己的要求，乃施以超「三〇一」法案來制裁。美國政府對我所施加的壓力，對經濟自由化也發生了推動的力量。

以上兩種力量，可說是臺灣經濟自由化的主要推動力量。換言之，如果這兩種力量不存在，臺灣經濟自由化的腳步可能非常緩慢，因爲政府官員對「舊法卽良法」的觀念很深，而且臺灣的既得利益階層也不會自動而甘心的放棄他們的既得利益。

## 六、結語與建議

我們對經濟自由化的觀念、範圍及其演變作了簡單的說明。最後值得強調的是，今後的國際經濟關係及我們的因應之道。

中央計畫型經濟的徹底瓦解，市場經濟制度已成爲世界經濟制度的主流。在這個主流

❾ 在民國七〇年代下半期，以美國立場而言，造成其入超最大的國家，一爲日本，一爲中華民國。日本每年對美國的出超約在美金七百億元至九百億元，而中華民國每年對美出超均在美金一百億元至一百七十億元。

中，仍有些逆流在醞釀，那就是區域主義的形成。雖然自由經濟是區域主義仍遵行的圭臬，但是區域與區域間的關係、區域與個別國家的關係難免有經濟管制的存在。面對國際經濟管制的存在，**我們所採取的對策不是以經濟管制對抗經濟管制，而是以經濟自由化對抗經濟管制**。因為我們已無經濟管制的本錢，但我們有經濟自由化後所產生的效率及所發揮的潛力。我們只能以效率來提高我們的競爭力，以潛力的發揮來克服我們資源之不足及應付不利的環境。

在經濟自由化過程中，我們需要優良的發展環境、日新月異的科技發展，及適合社會需要的法令規章。但我們也不應忽視經濟自由化所帶來的衝擊。最值得重視的，是農業品自由貿易的問題。從比較利益觀點，很多國家已不適於農業的發展，但是他們的政府仍利用各種補貼措施，保留他們的農業。原因是農產品的供給關係到安全問題。儘管為保護農業發展付出的成本很高，他們的政府都不敢放棄農業的發展。就臺灣的情況而言，在經濟自由化的原則之下，我們對農業發展必須有適當的措施，即保障專業農民的所得仍有需要，但對農作物的生產必須作選擇，對選定的農業區位，必須加以保護。

對於國營事業民營化，除非國營事業的經濟有更大的自主權，必須積極進行。尤其在近年來政治環境不良的情況下，國營事業成為特權階層的禁臠。國營事業等位性質不一，在處理上，宜個案進行。

臺灣要想成爲國際金融中心及國際轉運中心，金融自由化爲必要條件。關於金融自由化，國家利益固要考慮，國際規範更要重視。關於國際貿易自由化，要想在進口數量上作任何限制，均將十分困難，然在品質上仍可作某種程度之規範。

公平交易法已自民國八十年開始實施，它對保護消費者利益有貢獻，對消除產業界的獨占、聯合壟斷也有積極的作用。

總之，經濟自由化已成爲世界性的趨勢，我們必須及時因應這一趨勢，使其不利的衝擊減至最小的程度。

（原載江炳倫主編之《挑戰與回應——民國七〇年代臺灣的鉅變》，民國八十一年）

# 邁向福利國家，須先推行社福政策

## 一、社會福利與福利國家之不同

在臺灣，有不少人嚮往福利國家那種「從搖籃到墳墓」由政府安排的人生過程，但是瞭解社會福利與福利國家有何不同的人並不多。至於福利國家的內涵及建立的條件，一般人對其更不夠瞭解。在不瞭解福利國家的內涵、建立的條件及其演變的情況下，就試圖去建立一個福利國家，無異於去撲捉天邊的彩虹，會徒勞無功的。

社會福利與福利國家並不完全不同。「社會福利」是指政府從其歲入中提出若干，救助那些無能力生產，失去生活依靠的人，使其免於飢餓，免於凍餒。「福利國家」則是指政府爲全國人民建立一套福利制度，從人民所得中，抽取其大部分，再爲人民作普遍性及福利性的支出，使其均得到基本生活的滿足。具體言之，而者之不同在於⑴涵蓋範圍不同，社會福利的實施是局部的，有特定的對象，而福利國家的實施是普遍性的，不限於某一階層或某一行業，每人都有機會享受；⑵時間長短不同；社會福利之實施往往是短期的，但福利國家的推行則是長期的；⑶目的不同：社會福利是救助性質，福利國家則是有福同享的性質。

在世界上，眞正稱得上是「福利國家」的並不多。像瑞典、挪威才是福利國家。至於英國、加拿大、澳大利亞等國家能不能被稱爲是福利國家？有關文獻並未如此表明過。不過它們的福利措施的確不錯，頗爲開發中國家所羨慕。例如西歐的國家、美國、紐西蘭等國家也均有很好的社會福利，但也未被稱作是福利國家。由此可見，世界上推行社會福利的國家很多，實施福利國家的國家並不多。在臺灣，我們所稱的「福利國家」到底類似那些國家？似乎尚無具體答案。

## 二、福利國家須全民願意犧牲奉獻

福利國家的內涵頗類似我們的禮運大同篇。以瑞典爲例，人民從懷孕到墳墓的人生過程中，基本生活問題統由政府來解決。更具體地說，政府不過是將人民的大部分所得作重新的分配而已；而分配的範圍包括：失業可領失業救濟金，年老則有養老院收養，讀書則由公費支應，有疾病則有醫院免費治療，生育則由政府照料等。這些福利的確令人嚮往。

要建立這樣的福利國家，必須具備些前提條件，否則，福利國家只是海市蜃樓。這些前提條件爲：

1. 全國人民願爲福利制度之推行而犧牲奉獻。
2. 凡具生產能力的人都要參與勞動。
3. 無人存心利用這種福利制度。

**其中最重要的，莫如犧牲奉獻的精神。如果缺乏此種精神，福利國家便失去基礎，也難以持續。**像瑞典，它推行福利國家制度已有五十多年的歷史。在推行福利國家的第一代，無不以犧牲奉獻爲人生之圭臬，因此全國人民都能享受到國家所分配的福利。由於政府本身僅具重分配的功能，但不能直接生產財富或所得，一般人民要從其所得中取出一大半交給政府，政府才能完成這種重分配的任務。可是，**當一個國家富裕之後，下一代的行爲會有很大的變化，他們對犧牲奉獻會有異議，他們會拒絕交納沉重的賦稅，以滿足那些能生產而不願生產的人。**因此，在瑞典，建立福利國家的執政黨便在去（民國八十）年的大選中失去了政權。

在民國七十年代，已開發國家的失業率較高，而且社會福利愈好的國家，其失業率愈高。北歐及西歐國家的失業率通常在百分之十以上。理由很簡單，如果失業領救濟金的數額與工作賺得差不多，很多人就偏向失業，因爲辛苦工作的結果還要負擔很重的所得稅，而失業領救濟金的人並不需付任何稅。這種現象會誘使很多人不必失業而願作失業的人。

無論社會福利或福利國家，均需要人人都能奉獻。如果有少數人存心利用社會福利或福利國家，它就像傳染病一樣，很快感染到其他人。如果社會上有多數人是如此，則社會福利會成爲一種浪費，而福利國家也會破產。在過去十年，無論英國和美國都體認到這一事實，便對它們的社會福利範圍逐漸縮小，而執行的方法也日趨嚴格。

## 三、賦稅是福利國家最可靠的基礎

要建立福利國家，必須要了解它的建立基礎。無可否認地，賦稅是福利國家最可靠的基礎。因此，凡建立福利國家的國家，無不對其人民課以較重的稅，很多福利國家的稅額佔其所得的百分數均超出百分之五十以上。爲了多收稅，十年以前，許多工業化國家採累進稅率，如所得稅、遺產稅等。由於稅的累進率太高，富有的人會向國外移民，以逃避稅賦；企業家會失去冒險犯難的企業精神，一般人會失去刻苦耐勞的工作精神。許多工業化國家的政府有鑑於此，在最近十年，紛紛降低累進稅率，並將稅級簡化。捐獻也是一種方式，但這種方式不能經年利用。捐獻適於社會福利的運用，但不能持久。

由政府發行鈔票亦可濟一時之貧，但發行鈔票超過一定限度，會導致通貨膨脹。通貨膨脹的效果是對貧民及薪資階層課較多的稅，並且增加社會的貧富不均。發行公債是否爲一可靠的政府收入來源？它不但不可靠，而且要下一代負擔。如果下一代不願負擔，這個來源就有麻煩發生。有人主張，杜絕政府官員的貪污與浪費，省下來的經費可支持福利國家的推展。事實上，用此方法從年度預算中所能節餘的部分仍是個小數額，不足以支應福利國家的需要。也有人主張，既然政府所掌握的預算中，國防支出佔相當大的比重，可以減少國防支出的方式，支應福利國家之所需。這種主張顯然忽略了國防的重要性。卽使在兩岸處於和平的狀態，也不能放棄對安全的顧慮，況且政府的支出預算在國民生產毛額中所佔比重只不過是百分之二十三左右，因此，政府預算中，任一項支出的增加必然是另一項支出的減少。

## 四、我們要達福利國家境界，仍然遙遠

社會福利和福利國家並非完全相同，但是社會福利是建立福利國家的基礎。要想邁向福利國家，必須先推行社會福利政策，一俟社會福利有了深厚的基礎，實現福利國家的理想方有可能。像我們這種過於自私又自利的民族，推行社會福利政策已困難重重，要達到福利國家的境界，那將是段遙遠的路程。尤其令人疑慮的，在我們社會上，竟有一些人爲了討好選民，爭取選票，一方面對選民說，我們要政府減稅，另方面又對選民說，政府應建立福利國家。但是，建立福利國家需要增加稅收，而不是減少稅收。對於如此淺顯的道理，到底是社會大衆無知，還是這些爭取選票的人無知？

（原載《聯合報》，民國八十一年十二月十四日）

# 肆、物價的迷思

# 物價的迷思

在臺灣，很多人對物價的變動十分敏感，每當物價較劇烈地上漲時，常直覺地認爲政府編製的物價指數不能反映眞相，於是在報章雜誌爲文批評，在議會席上厲聲指責。事實上，物價是個十分複雜的經濟現象，一般人卻將其簡單化了。簡單化的結果使物價的統計數字與個人所接觸的現象有了差距。無論從學術觀點或實務觀點，我認爲這是很自然的現象。爲了正確辨識物價這個複雜的經濟現象，我希望藉此機會廓清對物價的概念和對物價現象的認知，並說明影響物價變動的重要因素和對物價編製的基本看法。

## 一、對物價的概念

個人所接觸到的物價與主管單位所編製的物價，在本質上並不完全相同。這種不同毋寧是必然的現象，而非錯誤的造成。對個人而言，物價是指某一特定產品或特定勞務，在某一特定地方、特定時間的價格。譬如說，一斤蓬來米在某年某月某日某時，在某一地方，値新臺幣二十元。這二十元就是個人所接觸到的蓬來米的價格。如果日期相同，但上、下午不同；地區相同，但地點不同；蓬來米的價格也會有差別。對一個地區或一個社會而言，物價是指某種產品或某種勞務，在某一地區、某一時間內的平均價格。仍以蓬來米爲例，它是指在臺北市、在某一日或某一週的平均價格。但它不是指臺北市某一市場的某一攤位、某一時辰的價格。它的價格可能爲每斤二十一元，也可能爲每斤十九元，如果它的價格也是每斤二十元，只能說是一種巧合而已。原因很簡單，卽使一種蓬來米，它有新、陳之分，新米價較高，陳米價較低。它也有時段之分，在一天之內有上、下午之分，在一週之內也有七日之分；它更有地段之分，城市與鄉村的價格也不盡相同。這就是一個人對物價的感受與一地區或一社會爲範疇的平均物價不同的根本所在。

通常所說的物價自然不是個人所親身經歷的物價，它是一個社會或一個地區的物價。物價分水準値和變動率，例如民國八十年臺北市豬肉每斤價格爲七十元，七十九年爲六十七元。這是指物價的水準値。如果說八十年臺北市豬肉價格比上一年上漲了百分之五，這就是物價的變動率。一般人對物價的變動較敏感。物價水準高，其變動率不一定也高；同樣，物價變動率大，其水準不一定也高。兩者之間無必然的關係。像日本就是一個物價水準相當高的國家，但其變動率並不大。無論在臺灣或其他國家，物價係以指數來表示，即以某一年的價格爲一〇〇，且以該年的價格去除其他年的價格，所得出的商數，即爲物價指數。物價指數易於比較，且不涉及單位的複雜性。

個人所接觸到的物價不是經平均過的物價。主管單位所公佈的物價是平均數的平均數。它包括地區上的平均、時間上的平均，還有類別的平均。因此，可以說物價是平均數的平均數。譬如說汽車價格。一談到汽車價格，一定會想汽車有大小之分，有模型之分，有新舊之分，也有用途之分。一部汽車價格之上漲，並不代表所有汽車價格之上漲。因此，我們不能以一部汽車的價格代表所有汽車的價格，但我們可用所有汽車的平均價格來代表汽車的價格。這也就是說，所有汽車的平均價格中有個別汽車的價格，但個別汽車的價格卻不能代表所有汽車的價格。

## 二、對物價變動的不同感受

很多人，包括教授、專家、記者、民意代表，以及政府官員，對物價變動缺乏充分的瞭解。因此，對物價變動的感受就有很大的不同。譬如民國七十五年，臺北市五星級觀光飯店之每日房租爲美金一百元，合新臺幣四千元。在國際比較上，臺灣的觀光飯店租金並不算高。五年以後，由於新臺幣對美金大幅升值。雖然臺北市五星級觀光旅館每日房租仍爲新臺幣四千元，使用新臺幣的人感覺不到房租的上漲，但使用美金的人便有不同的感受，即房租已由每日美金一百元增爲每日美金一百六十元。也就是說五年內，房租上漲了百分之六十，即每年上漲百分之十二。

住在旅館的外國人最容易作食物價格的比較，但是這種比較也最容易受貨幣升值或貶值的扭曲。當新臺幣對美金升值時，外國旅客便會覺得臺灣旅館的食物價格上漲太快。同樣，臺灣旅客到美國觀光時，便覺得旅館的食物價格也較低。對於經常到外國旅遊的人，對貨幣升值或貶值的效果較敏感。

鄉下人與都市人對物價的感受也不同。鄉下人到了都市，總覺都市的農產品價格要比鄉下爲貴；同樣，都市人到了鄉下，也會覺得鄉下的農產品價格較廉。這是因爲農產品出產在鄉下，不需要龐大的運輸費。有些舶來貨，一旦分銷到鄉下，它們的價格會較在都市爲高。

家庭主婦對食物價格之反應較爲敏感，因爲她們經常接觸的物價主要爲食物價格。在臺灣，食物類中的蔬菜價格受季節性變動之影響較大。譬如夏季的颱風季節，蔬菜價格有較大的變動。在節日，肉類的價格常有較大的變動。

儘管一般人對物價變動的感受不同，但物價本身所表示的數值之變化，卻難有個別感受的存在。

## 三、物價權數修改問題

任何一種物價絕不是單一產品的價格，而是一類或一組性質相近產品的價格。卽以消費者物價指數而言，它包括消費者所消費的產品與勞務的價格。而這些產品與勞務的組成必須符合某種原則。也就是說，消費者所消費的產品很多，而勞務也不一，**消費者物價絕不是這些產品與勞務價格加總的簡單平均數，而是予每種產品或勞務以權數。這個權數代表此種產品或勞務支出在消費總支出中所佔的百分數。**由於所得水準的不斷提高，消費習慣的改變，各種產品及勞務所用的權數也要定期修改，以便代表實際情況。

在工業化國家，通常每四年、五年或十年，就要修改權數。如果每年或每二年修改一次，那就會失去比較的基礎，因爲權數改變太快了，它表示產品的種類也變了。就物價本身而言，若權數每年都修改，我們便不能把今年的物價同前一年的物價相比較，因爲內涵不一樣。

即以消費者物價指數而言，它包括了七大類：卽食物類、衣著類、居住類、交通類、醫藥保健類、教養育樂類及雜項類。每類又分很多小類，像食物，有蔬菜類、有肉類、有海鮮類、有蛋類；而蔬菜類中又分很多小類。這七大類的權數，以目前情況，分別爲百分之三五・六、百分之六・八、百分之二七・六、百分之八・二、百分之七・一、百分之十・〇及百分之四・六。正如前面所言，這些權數經過一段時間，都要加以修改。如果長期不修改，也會失去它的代表性。**消費者物價權數的修改絕不能忽略個別消費品支出在總消費支出中所佔之比例。**

## 四、對物價變動的誤解

由前面消費者物價指數的組成因素，卽可了解消費者物價內容是相當的複雜。儘管它的內容很複雜，但所有產品及勞務都是消費性的。最近三、四年，曾有股市狂飆、房地產價格暴升等現象，例如股票曾從民國七十五年的七百多點漲到七十九年的一萬二千四百多點，而房地產價格在同期間也漲了三至五倍。但是，政府所公佈的消費者物價指數在同期間僅上漲百分之十一。例如民國七十五年消費者物價指數上漲百分之〇・七，七十六年上漲百分之〇・五，七十七年上漲百分之一・三，七十八年上漲百分之四・四，而七十九年上漲百分之四・一。於是有不少人就懷疑：何以消費者物價指數上漲幅度是如此之低？甚至責難編製物價的機構隱藏事實眞相！他們的懷疑是有道理的嗎？他們的責難是公平的嗎？其實，消費者物價並未包括股價，也不包括房地產價格。就股票而言，它不是消費品，而是投資財。投資財通常來自儲蓄。投資有賺，也有賠。無論如何，持有投資財之目的爲牟利。**至於消費財，顧名思義，它是用來滿足消費者的慾望，因其可產生效用，而且是屬於對個人慾望的滿足，但不是牟利。**當臺灣股市於七十九年二月間開始崩盤，股價一路暴跌，直至該年十月上旬，股價暴跌幅度之大，亦創歷史紀錄。消費者物價是否也因此而下跌呢？實際情況並非如此。

同樣，自民國七十六年起，房地產價格開始飛漲時，也有人批評，消費者物價指數也沒有反映它的上漲，從而認爲消費者物價指數不具代表性。事實上，消費者物價指數內也沒有包括房地產價格。儘管房產價格在三年之內上漲了三至五倍，土地價格上漲了十倍至三十倍，它與消費者物價指數並沒有直接的關聯，因爲購買房地產也是一種投資。在一個經濟持續成長，土地面積十分有限的國家，經過五年至七年的持有，房地產價格往往會上升數倍。對一般住戶而言，在一幢房子，住一輩子或半輩子的情況很多，經常更換房子，頻於搬家的人畢竟是少數。最近二年，房地產價格下降二成至三成，消費者物價指數亦未相應下降。我們不能說房地產價格暴漲與消費者物價指數毫不相關，由房地產所產生的房租卻是消費者物價指數中的重要因素。房租需要定期交納，支付房租是種消費行爲，但不是投資行爲。消費支出的多寡會牽動消費者物價指數的變動。至於影響程度有多大，這要視房租支出在消費支出中佔多大分量。

更重要的，世界上沒有一個國家的消費者物價指數包括股價及房地產價格，爲便於國際比較，臺灣也不宜將其包括進去，徒貽國際學術界的笑柄。

## 五、影響物價變動最重要因素

影響物價變動的因素很多。每次物價變動都有個主要因素，而非所有物價變動都是基於同一因素。基本上，物價變動的主要原因可分爲兩大類：一爲成本推動，一爲需求拉動。而且物價變動也與一國經濟背景有密切關係。像臺灣，它是個海島，開放程度很大。進口價格對臺灣物價的影響就很大。進口消費財的價格變動會直接影響國內消費財的價格；進口的原材料價格變動則會影響國內生產成本的變動。進口財物價的變動可歸在成本推動的範圍之內。貨幣供給的變動也會影響物價的變動，我們可將其歸在需求拉動的範圍內，因爲貨幣代表購買力，貨幣的增加即表示購買力的增加。如果供給不相應地增加，也會引起物價的上揚。由於臺灣的開放程度很大，關稅稅率的變動、滙率的升貶、國際價格的起伏，都會影響臺灣物價的變動。

最近十年來，臺灣物價變動幅度不大。於是有不少人質疑：每年工資率上升達百分之十以上，而生產力增加幅度低於工資上升率，爲什麼消費者物價指數及躉售物價指數均未作較大幅度之上升？三年以前，貨幣供給年增率高達百分之三十以上，何以這兩種物價指數並未相應作大幅度的上升？其答案是：**在同期間，有些因素會使物價上升，但也有些因素會使物價下跌，兩者抵銷後所剩下的力量方是物價變動的主要力量。**

當經濟學告訴我們，只要其他條件保持不變時，任何解釋物價變動的學說，在某些情況下，均有其說明能力。但是，事實上，其他條件都會變。這就是說，單一經濟理論很難解釋一種現象的變動。像貨幣學說，它認爲貨幣數量增加有促使物價上漲的效果，正如前面所述，如果同時間新臺幣對美金升值，關稅稅率持續下降，而重要國際物價不升反降，貨幣數量增加所顯示的物價上漲效果就很小。

## 六、對物價指數編製的看法

物價本身就是個複雜的現象，只因我們將其一般化了，便成爲人言人殊的現象。物價是我們經常接觸到的經濟現象，自認對它很瞭解，事實上，對物價眞正瞭解的人並不多。甚至很多人對物價指數是誤解的。要想瞭解物價之眞相，絕不會因跑一趟菜市場，你就會認識它。人們需要知道物價指數的意義、內涵及每種物價所用的權數。

物價指數是否能反映眞相，主要的在於：

(一)抽樣調查的方法是否有不偏頗的代表性：統計調查最忌的是以偏概全。譬如調查咖啡的價格，我們不能以五星級的觀光飯店出售的咖啡價格作依據。我們也要調查一般咖啡店的咖啡價格。咖啡按產地不同而有多種，每種咖啡的消費量並不相同。如果能曉得某一時間內，每種咖啡的消費量，以及每個地方的咖啡價格，方能按抽樣原理，編製出它的價格指數來。

(二)代表性的樣本是否符合一致性原則：一種物價指數包括性質相近、大小不一、甚至功能有別的產品。儘管物價指數是平均數的平均數，但在時間單位上，前後必須有一致性；在空間分佈上，也須有一致性。譬如汽車價格指數，汽車有多少種，尚難作確定的統計。在蒐集資料時，絕不能在某一時間內多用轎車價格，在另一時間內多用卡車價格。

（三）**權數的調整時間是否適當**：權數就是對某種產品的支出在總消費支出中所佔的百分數。這個百分數愈高，表示其在總消費支出中所佔之地位愈高。近二十年來，科技進步很快，商品的生命期縮短。鑑於這種現象的存在，物價編製時所用之權數，不宜持續長期而不加以調整，也不宜爲期太短，卽予調整。因爲它會失去前後年代比較的基礎。

（四）**樣本取得方式是否為一最可靠之途徑**：樣本品質關係到統計品質。如統計品質太差，其代表性就有問題。對很多產品或勞務而言，取得合適的樣本並不簡單，即以房租爲例，在西方國家，有專門公司負責代理此種業務，其所提供的資料較可靠，但在臺灣，尚無這種公司的建立，很多民房出租多不報房租，以免納稅，只有大公司租房子有記錄可查。對一般民房租金資料之取得，若從房東著手，恐有不實現象，若從房客著手，資料較可靠，但因房客流動性較大，掌握一定的對象殊屬不易。

（五）**編製物價指數是否由政府單位主辦**：無論編消費者物價指數或躉售物價指數，其過程均相當的複雜。因爲這種資料須定時且普遍性地提供，絕非一民間單位所能辦理。問題在於：政府單位如何訓練優秀的調查員，利用電腦以及最進步的方法，使樣本資料很快變爲統計資料。像這種例行的統計工作，仍需要經常檢討與改進。

臺灣是個開放的社會，誰都可以發表意見。但對物價指數的意見，需要由稍具專門知識的人來提供。但社會大衆對物價、物價指數的概念應有基本的認識，這需要在常識教育中增加對物價概念的知識。一個小學程度的人不懂物價是可理解的事，但大學教授、或民意代表對物價指數一無所知或一知半解，則是件令人遺憾的事。

（民國八十一年七月，物價研討會專題演講）

# 消費者物價指數究竟代表什麼意義

近年來，臺灣的消費者物價指數之變動相當平穩。民國七十五年上漲百分之〇・七，七十六年上漲百分之〇・五，而七十七年上漲百分之一・三。考其原因，主要是由於油價的巨幅下跌，新臺幣的大幅升值，開放進口和關稅稅率的不斷調低，以及生產力的增高。油價下跌使油品價格及電價、石化原料價格下降；新臺幣升值使進口價格降低及出口不振；而出口不振造成庫存過多，又引起物價下降；關稅稅率下降直接影響生產原料價格、機器設備價格，以及消費品價格降低。而勞動生產力的增高又抵銷了工資上漲對生產成本造成的負擔。

可是有不少人懷疑：爲什麼股票價格狂飆、房地產價格大漲、工資水準大幅提高等現象沒有反映到消費者物價指數上面呢？是否我們的消費者物價指數的代表性有問題？還是另有其他的原因？因爲我們在各方面仍處於相對落後階段，這些疑問雖是很自然的現象，但應當加以說明。

㈠物價指數是平均化的數據：物價指數是一個平均化的數據。它包括時間上的平均，致季節變動的特性被平均掉了，也包括空間上的平均，致區域上的差異被平均掉了，更包括各種消費財及勞務，致個別產品的特性也被平均掉了。尤其以一年爲計算單位的物價指數，地區間的價格高低，時間先後的暴漲暴跌，個別產品價格的高低不一，統統被平均掉了。因此，對於任何劇烈的短期（數日或數週）變動，都無法從消費者物價指數的年變率中顯示出來。一般人對於這個單一的數據所提供的訊息，難免缺乏「親切」之感。

㈡消費者物價指數的涵蓋範圍：消費者物價指數是用來衡量一般家庭所購消費性商品及勞務價格水準之變動情形。價格水準之變動是人們最關心的經濟現象，因此，任何一種價格指數，均應能作國與國之間，區域與區域間，今年與去年間，本月與上月間作比較。爲便於比較，消費者物價指數之編製，世界各國大都採用相同的方式，惟由於各國經濟情況及消費結構並非相同，對各類消費品及勞務之需求未必一致，乃對各類商品與勞務的選樣與權數加以調整。在臺灣，現編指數之查價範圍涵蓋食、衣、住、行、育、樂等攸關民生之商品及勞務共四百四十一項，其中服務類（含工資）查價項目爲六十九項，商品類查價項目爲三百七十二項。前者佔百分之三四・九六，後者佔百分之六五・〇四。日本的消費者物價指數查價範圍涵蓋五百四十三項，其中勞務類查價項目爲一百零八項，佔百分之四一・九六，而商品類查價項目爲四百三十五項，佔百分之五八‧○四。即以七十七年臺灣消費者物價指數上漲百分之一‧三而言，主要是由於服務類上升百分之三‧四所致，該上升幅度對總指數的影響幅度是百分之一‧二。在服務類中，學雜費上漲百分之七‧二一，交通費率上漲百分之八‧六六，住宅修理工資則上漲百分之一九‧○八（其中油漆工資上漲百分之二三‧○二，泥水匠工資上漲百分之二一‧三一）。

㈢**工資與消費者物價指數**：工資是構成生產成本的重要因素，但工資上漲並不一定反映到物價上面。譬如某一產品之生產改採自動化機器。在此情況，由於雇用人數減少，即使個人工資增加很多，在生產成本中所佔比例不一定增加。如果在生產成本中所佔比例不增加，就不會影響生產成本的增加及產品價格的上漲。用句術語，**如果勞動生產力提高的幅度高於或等於工資增加的幅度，生產成本就不會增加，因而產品價格也就不會上漲**。我們經常發現，同時生產一種產品，所用原料相同，機器性能不同，日本、西德的工資雖高，但其產品價格並不一定比我們高。

㈣**房地產價格與消費者物價指數**：房地產價格暴漲是否應反映到消費者物價指數上面？這是很多人常疑問的問題。事實上，世界各國從未將房地產價格涵蓋在消費者物價之內；因爲房地產具長期性，其購置或爲保值，或爲投資，非屬於消費性商品或勞務。不過，世界各國卻將房租及房屋修繕費用來代表居住價格之變動。房租類權數日本爲百分之十一・七〇，美國爲百分之二〇・二二，我國則爲百分之十五・九七，在臺灣，有關房租之資料較不確實。爲了逃稅，房東多不報房屋之出租，致房租資料欠缺；房屋之租用多以年爲計算單位，其調整也是一年住滿之後。許多房東與房客通常建立了友誼，不會因房地產價格暴漲而立即調整房租。因此，在時間上房租調整有落後的現象。近一年來，大都市辦公大樓的房租上漲較兇，尤其租給證券公司的房屋，其房租已上漲二、三倍，但是，如前所述，消費者物價指數係用來衡量一般家庭所購消費性商品及勞務價格水準之變動情形，所以這種營業用房租，未納入消費者物價指數房租選樣範圍內。

㈤股票價格與消費者物價指數：至於股票價格是否應涵蓋在消費者物價指數之內，倒是值得考慮。首先要問的是：股票是否爲一消費性商品？股票在短期是投機財，在長期則是一種投資。迄今爲止，尚未聞到世界上有何先進國將股票價格涵蓋在消費者物價指數之內。主要的是因爲它不是一般人生活需用的財貨或勞務。股票價格的變動所影響的是少數人而非多數人，更重要的，股票價格的變動並非直接影響消費品價格。況且股票價格變動是以「天」爲計算單位的，一年三百六十多天，股票價格漲漲跌跌，卽使有再大的短期變動，也可能被一年的時間平均掉了。

㈥消費者物價指數並不代表單一商品的價格：從統計觀點，消費者物價指數是大數法則之下的產物。不論用月作單位，或年作單位，數據所表示的，只是一個點。只要所用的方法被專家認爲是合理的，所採取的樣本有代表性，我們就可將這種價格指數當作可參考的數據，人們應重視的是其水準的變動而非其水準本身。如果有人想按消費者物價指數去購買他所需要的消費性商品或勞務，那麼，他必定要失望，因爲在任何國家，或任何市場，他找不到那種消費品的價格會符合他的價格指數，而且也沒有人會按那個指數賣給他。

（原載《工商時報》，民國七十八年一月三十日）

# 經濟統計被曲解與被誤用的根源

## ——兼論與物價指數的有關問題

### 一、問題的緣起

經濟統計可說是對經濟現象之性質、變化及重要性所作的數字記載。經濟統計之所以受到重視，乃是因爲它是一種科學的表達工具，對描繪經濟現象有概括性及一般性的功能。然而，在開發中國家，經濟統計常被誤解，也常被誤用。

民國七十九年夏起，臺灣經濟開始籠罩在景氣低迷的氣氛之下。一方面對外貿易的增勢頓挫，另方面股市崩盤，且成一瀉千里之勢。在很多人的感覺中，經濟不景氣的烏雲已壓在人們的心頭。政府所公佈的統計資料也成爲被批評的對象。例如有少數進口品價格大幅度上升了，但躉售物價並未相應巨幅上升，而消費者物價上漲的幅度也不大。房地產價格暴漲了數倍，房租也上漲了數成，也沒有反映到物價上面，於是有人認爲政府的物價統計不精確，是在故意壓低物價上漲的幅度，藉以粉飾太平。

七十九年下半年以來，尤其中東危機發生，股價下跌幅度大，交易量小，很多持有股票的人莫不被股票套牢。不論是呼風喚雨的大戶或盲目跟進的散戶，都陷入困境。於是工商業領袖呼籲金融當局，趕緊降低利率，大量融資，以解倒懸之危。他們指出代表貨幣供給的$M_{1B}$的增加率已變爲負值，就是最好的證明。至於$M_{1B}$的增加率變爲負值是否代表貨幣供給不敷所需，很少人去探究。

不僅有些社會大衆對政府的經濟統計有了責難，甚至少數經濟學者也起了懷疑，認爲物價統計的樣本有問題，權數有問題，涵蓋的範圍也有問題。出乎意外地，一家外國雜誌竟然自編臺灣的物價，說臺灣的物價上漲了百分之二十，也有家民間基金會想自辦物價調查等。這些反應雖然正常，但他們之所爲，在時間上、技術上及可靠度上更有問題。

對於臺灣的經濟統計，爲什麼在現階段會有這些反應呢？根據個人的觀察，下列幾個因素值得提出來探討，即⑴對「統計」的意義不了解，⑵對「指數」的觀念不清楚，⑶太偏重個人的感受，⑷對名詞之定義缺乏了解，⑸對經濟的因果關係不夠清楚，以及⑹對統計數字的變化不求甚解。玆就這些因素，作扼要之辨正。

## 二、對「統計」的意義不了解

任何一種經濟現象，有其母體，也有代表母體的統計。母體是指代表這種現象所有個體的總和，統計是指母體中部分個體的屬性。例如臺北市汽車價格，所有在臺北市交易完成的各種汽車價格爲母體；利用其部分汽車價格作成的估計就是統計。母體資料固然重要，但蒐集時費時費錢，而且在很多情況，也無法掌握到百分之百的精確度。統計資料通常是由抽樣得來的，只要符合某些條件，統計的屬性可以代表母體的屬性。

近年來，臺灣盛行民意調查，這種調查就是抽樣調查。至於它的代表性，這就牽涉到很多因素，如樣本本身的代表性、詢問問題的語法、調查的時機，以及對調查結果的處理方式，都會關係到樣本的品質。譬如有人以問卷方式調查組閣不滿一個月的行政院長的政績，有人調查副總統的政績，有人向一般社會大衆調查對「財政收支劃分法」的看法，有人向社會大衆調查對「核四廠建立」的意見等。這些調查結果都不具意義，也毫無統計價值。這是對統計的誤用。

## 三、對「指數」的觀念不清楚

爲使在時間上及空間上有比較，也爲使各構成份子的重要性凸顯出來，很多統計資料是用「指數」來表達，如消費者物價指數，它就是各項消費品價格的總稱。即使各項消費品，其價格也很複雜，像豬肉，有上肉、下肉、五花肉等，每級肉的價格都不一樣，要想爲豬肉價格編個指數，一定要考慮到各級肉的銷售量，於是，對銷量大的肉，給以較多分數（即權數），對於銷量小的肉，給以較低的分數，然後再加總，並以某一時間爲基期，以該時間的價格去除每單位時間的價格，即得出指數。

統計資料中的數值主要是由平均數構成的，這包括時間上的平均，像每日的豬肉價格，它是上午價格和下午價格的平均，也包括地區上的平均，像臺北市的豬肉價格就包括各個市場豬肉價格的平均，當然也包括各級肉價格的平均。對於交易量大的市場，給以較大的權數；對於交易量少的市場，給以較小的權數。如果有人要以這個平均價格或指數去買豬肉，他一定會失望，也不會有成交。

有人批評房地產價格暴漲了三、四倍，爲什麼消費者物價指數未受很大的影響呢？因爲房地產非消費財。事實上，世界上也沒有一個國家會將它涵蓋在消費者物價指數之內。何況，爲了國際間比較，我們也不宜標新立異，另立門戶。

## 四、太偏重個人的感受

對於任何一種現象，每人的感受都不相同。每人的感受固受個人背景、偏好的影響，也會受時間與空間的限制。所謂「瞎子摸象」，彼此的認知就有很大差別。同是一杯橘子汁，在五星級的觀光旅館，每杯要新臺幣一百元，在街頭小販，也許二、三十元就買到了。再如五年前，當每元美金可換四十元新臺幣時，臺北市的五星級觀光旅館每夜房租爲新臺幣四千元，也就是美金一百元，五年之後，房租仍維持每夜新臺幣四千元，可是以美金計算，已成爲一百四十七元了。對外來的觀光客，卽會有暴漲的感受，對本地的觀光客，卻覺得較前便宜。

對於任何一種經濟現象，個人所看到的，畢竟有限，個人所聽到的，也不會完全，在缺乏統計資料的情況下，要想憑個人的見聞，去窺知一種經濟現象的全貌，是件相當困難的事，而且很容易得到「以偏概全」的後果。從統計資料上，我們就會得到較具體的印象，儘管這個印象與眞相仍有些距離，但它畢竟還能代表這種現象。譬如常見的術語是「景氣很好」或「景氣很壞」，就不如經濟成長率爲百分之十，或經濟成長率已降爲百分之二來得具體。

## 五、對名詞之定義缺乏了解

無論社會科學或自然科學，都有特定的名詞，用以代表一種現象，因此，每個名詞有其一定的意義。如果對某一名詞不了解，那就很容易對它產生誤解或誤用。譬如一般人常說的「經濟衰退」，就有兩種不同的概念。有人說經濟成長率連續下降就是「經濟衰退」。這種說法太籠統，譬如去年元月經濟成長率爲百分之七，二月降爲百分之六，三月又降爲百分之五。卽使降爲百分之五，對世界上很多國家而言，也是高成長率，像西歐的工業化國家，要想保有百分之五的成長率，幾乎是件不可能的事。也有人說，如果國民生產毛額的水準値下降了，也就是它的增加率變爲負值，處在這種情況，才算是「經濟衰退」。民國七十九年，臺灣的經濟成長率爲百分之五．二，很多人都說是「經濟衰退」，這種看法顯然導因於對名詞定義的缺乏了解。由於這個緣故，個人的認知與統計資料乃有了差距。

## 六、對經濟因果關係搞不清

經濟上的因果關係相當複雜，有單向的因果關係，也有雙向的因果關係；有直接的因果關係，也有間接的因果關係。就以經濟不景氣而言，汽車滯銷是否能代表不景氣？暴漲的股價又暴跌是否能代表經濟衰退？狂飆的房地產價格下降是否代表經濟低迷？對於這些疑慮，必須加以廓清。也就是說，必須先了解這種現象本身所代表的意義、形成的原因，然後再論及它與總體經濟的關係。譬如，在民國七十九年以前，臺北市每月汽車增加量約在七千輛左右，而且持續了相當長的時間，正因爲這種高速的增加，從七十九年開始，臺北市幾無停車場可容，亦幾無道路可行。經常見到的現象是：自行駕車的人，要費半小時的時間去找停車位，過去搭計程車半小時可抵達的地方，現在要費一個多小時。處在這種情況下，汽車銷售量之下降與總體經濟之好壞並無太多的關係。再如股價，在爲期三年的時間內，從一千點漲到一萬二千多點，有人認爲它的持續上升才是經濟繁榮，它的下降就是經濟不景氣，這種因果關係似是而非。誰都知道，狂飆的股市猶如泡沫一樣，必然會化爲烏有。事實果然如此，而臺灣的經濟成長率只不過是從七十八年的百分之七・三下降爲七十九年的百分之五・二而已。

## 七、對統計數字的變化不求甚解

經濟統計所表達的是一種經濟現象的屬性及變動態勢，各種經濟現象之間的關係卻是錯綜複雜，因此，也一直成爲經濟學者爭論的主題。每個學派都強調唯有他們的理論才是解釋經濟現象的有效理論，事實上，並不盡然。正如一個人的病狀一樣，同樣是發燒，有的人因感冒而發燒，服些感冒藥，卽可痊癒；有的人因大便不通而發燒，如果也服用感冒藥，那就會無濟於事。

近年來，金融界將 $M_{1B}$ 視作貨幣供給。$M_{1B}$ 包括通貨與活期存款；有些人認爲此種貨幣供給率的下降表示市面上的銀根緊，需要放鬆銀根，才能使經濟活絡。七十九年，曾連續數月，$M_{1B}$ 的增加率爲負值，工商界領袖十分重視此一經濟指標的變化，並認爲經濟活動已受到資金不足的限制而陷於停滯。殊不知 $M_{1B}$ 增加率變爲負值與銀根鬆緊並無必然關係。在最近二、三年的情況是：當股價暴跌，投機無利可圖，而利率水準很高時，大量的資金會由股市轉到定期存款；結果，$M_{1B}$ 減少，$M_2$ 爲之增加且 $M_2$ 也被視爲一種貨幣供給，它所包括的因素除$M_{1B}$外，尚有定期存款、借款等。當股價一路上漲時，很多資金又會從定期存款轉到股市，成爲股市翻騰的力量，於是$M_2$減少，而$M_{1B}$相對增加。其實，社會上的資金存量並非不敷所需。

## 八、經濟統計是面鏡子

從以上的分析，可以了解到經濟統計被曲解、被誤用的情形，而其所造成的後果，往往比無統計利用還嚴重、還可怕，因爲它產生的誤導效果，不利於決策的形成，而錯誤決策對一個社會所造成的危害比貪汚還厲害。

雖然臺灣的一般教育水準是相當的高，但統計教育卻相當貧乏。從政府施政的立場，需要加強經濟統計的推廣工作，讓社會大衆能夠正確地了解經濟統計的意義、經濟統計編製的程序，和經濟統計的應用及其限度。如果一般社會大衆對經濟統計有了正確的認識，任何利用經濟統計所作的不當行爲，都會被揭穿。精確的經濟統計，對經濟現象而言，是一個鏡子，人們從這面鏡子，可以看到經濟活動的眞相。

# 伍、兩岸關係的發展

# 如何面對共產主義世界的蛻變

去夏以來，共產主義世界發生了驚天動地的變化。東歐的共產主義國家紛紛掀起民主與自由的浪潮，這與二次世界大戰結束後四年期間所發生的赤流滔滔、淹沒整個東歐的情況，成鮮明的對比。這一巨變不僅代表民主政治戰勝了獨裁政治，也代表自由經濟征服了統制經濟。面對這種巨變，我們應有的態度是什麼？我們應努力的方向又是什麼？

## 一、兩種制度對立四十年

人類自進入二十世紀以來，曾遭受兩種制度衝突所產生的災難與煎熬。這兩種制度卽共產主義制度和資本主義制度。這兩種制度的對立，在戰後的四十年，達到了頂峯。兩方都想將對方埋葬，使自已成爲整個世界的主宰，因而冷戰、熱戰、武器競賽成爲過去四十年兩方關係的徵象。共產主義國家一心想赤化整個自由世界，利用滲透、顚覆、人民革命等手段，想使資本主義世界瓦解，而資本主義國家爲了防止被赤化，也整軍經武，儘量避免成爲被赤化的對象。可是，亞洲半數的國家、東歐的國家，甚至部分非洲國家和中美洲國家，都先後變爲共產主義國家，或淪爲蘇聯的附庸。當這些被共黨統治的國家在經歷數十年的浩劫之後，始發現共產主義社會不是無產階級的天堂，而資本主義社會卻使無產階級變爲有產階級，更重要的，在資本主義社會，社會福利制度可使一個人自搖籃到墳墓的生命過程中，無飢餓、無匱乏、無恐懼。人們擁有尊嚴，享有自由。所有新興工業化國家原本是被共產主義赤化的對象，卻因採行對外開放政策、鼓勵私人企業、尊重私有財產制度，乃有了卓越的經濟發展的成果。

## 二、困獸之鬥萬不可忽視

經過四、五十年慘痛的教訓後，共產主義世界正在作劇烈的蛻變，這種蛻變是質的變化，即閉鎖的經濟改變爲開放的經濟，全部公有制改變爲局部公有制，市場經濟復活，逐漸取代控制經濟。這種蛻變首先發生在中國大陸，接著在蘇聯有了回應，然後又在東歐國家發生，並進而波及越南和葉門。經濟制度的質變又引起了政治制度的質變，那就是一黨獨裁的共產主義國家均受到嚴厲的挑戰，包括蘇聯本身、波羅的海東岸的三小國、東歐的共產主義國家，它們不但要求自主的權利，更要放棄共產主義。這種巨變固然是歷史發展的必然結果，但蘇聯領導人戈巴契夫的開明作風無疑是這一浪潮的最大鼓勵。不過，我們不能忽視的，當共產主義世界發生巨變時，既得利益階級爲了保障其既得權益，不會輕易接受這種改變，一定會作困獸之鬥；而且當一個國家被長期管制之後，一旦獲得自由，必然會產生劇烈的通貨膨脹現象，而行將失勢的既得利益階級必然藉此機會反撲，使這種蛻變胎死腹中。

## 三、自由世界應妥爲因應

面對共產主義世界發生的蛻變及其帶來的困局，自由世界的態度是什麼？袖手旁觀，任其自行發展？還是趁其經濟處於困境，興兵討伐，加速其瓦解？還是伸出援手，助其克服困難，增強其轉向自由經濟發展的信心？在第一種情況，如果共產主義國家在嘗試自由經濟過程中，因惡性通貨膨脹問題未獲解決，肇致國內保守力量的復辟，則會使這個國家重又回到原來的處境——處處管制、處處迫害。在這種情況下，東亞情勢又將緊張起來，大家又在備戰狀態下，過恐怖不安的日子。在第二種情況，資本主義出兵攻擊共產主義國家的機率也非常低，因爲在自由世界，除非自己的生命直接受到威脅，一般人民也不願冒生命的危險去進行攻擊性的戰鬥，而且勝負之數也很難預卜。至於第三種情況，那就是由資本主義國家協助共產主義國家解決其困難問題，使其順利地採行自由經濟制度和私有財產制度，使共產主義制度無形中瓦解、從地球上消失。

## 四、援助與開發共產國家

在共產主義世界，經濟的本質是廢除私有財產制度，政府嚴格控制人民的需求。一旦這種控制被取消，供不應求的現象必然產生。在經濟制度蛻變的初期階段，不合理的價格制度，久被扭曲的資源分配；無法使產品的供給滿足社會大衆的需求，尤其在對貨幣供給未作適當控制之情況下，通貨膨脹是難以避免的現象。對於這種困境，資本主義國家應通過貿易與投資的管道，協助其解決。在共產主義的國家，最嚴重的問題是基本生活所需要的物資不足。資本主義國家可以剩餘物資對其加以援助，就像第二次世界大戰結束之後，美國援助許多開發中國家一樣。國際性銀行組織對於這些國家的進口，可給予無息或低利率貸款，使其有能力獲得所需要的物資。許多共產主義國家多擁有某些天然資源，而這些天然資源或被閒置、或被錯誤利用，資本主義國家亦應以投資的方式，協助其開發，爲其人民提供就業機會，增加其所得，改善其生活。同時，一般的共產主義國家均缺乏現代化的管理技術，致對資源造成莫大的浪費而不知。資本主義國家應透過學術交流、合作訓練方式，協助其改善管理，提高其生產效率。

無論如何，當前共產主義世界的蛻變對整個人類的前途是有利的。它代表未來的世界是個和平的世界，未來的世界經濟將是市場經濟。它更代表共產主義制度實驗的徹底失敗，共黨專政的政治制度將會逐漸消失。對於這種轉變，自由世界的人民能不額手稱慶，能不伸出援手？

（原載《聯合報》，民國七十九年一月二十五日）

# 臺灣經濟發展經驗對大陸的意義

## 一、海峽兩岸的重新認識

臺灣與大陸僅一海之隔。民國三十八年以前，兩個地區的生活水準相差並不太大。大陸北方，因連年戰亂，民不聊生，在戰後，較臺灣爲差，可是大江以南，一般生活水準並不比臺灣低。三十八年之後，臺灣與大陸分別爲兩個不同的政權所管轄。由於處於嚴格的敵對狀態，兩岸人民不相往來。雖有對方的無線電廣播可偷聽，但僅屬宣傳的口號而已。致在民國六十年以前，彼此的印象相當模糊。臺灣對大陸的印象是：大陸同胞處於水深火熱之中，而大陸對臺灣的看法是：臺灣人民窮得啃香蕉皮。惟自六十一年，美國尼克森總統訪問大陸之後，大陸與美國的「不相往來」便變爲「競相走訪」。美國人，尤其是美籍華裔，乃有機會去大陸訪問，而大陸的官方人士也有機會出國，聽到有關臺灣的消息。資訊的交往，訪問的頻繁，使大陸官方人士對臺灣有了新的認識，這對以後中共經濟政策之改變起了決定性的作用。再加以西方報章、書刊及統計再三闡釋臺灣是亞洲四小龍之一之事實，使得中共領導階層不得不檢討落後的大陸經濟，而有所更張。

本文的目的不是去比較海峽兩岸的生活水準相差多大，而是從臺灣經濟發展經驗的角度上，試談談它對大陸究有何意義，大陸當政者應有的態度及臺灣對大陸應盡些什麼義務。

## 二、臺灣經濟發展對中共經政的影響

中共進行大規模的經濟政策是自民國六十七年冬開始，也就是說，中國大陸被中共統治了三十年之後，方實施經濟改革政策。在這三十年期間，臺海兩岸均發生了巨大的變化。在大陸，經過了土改、大躍進、土法煉鋼，及文化大革命，在臺灣，也經過了土地改革、十九點改進財經措施及獎勵投資條例的推行、加工出口區的設立，及第一次能源危機等。就臺灣而言，雖然自然資源貧乏，人口密度高，可耕地面積僅有九千多平方公里（全省面積爲三萬六千平方公里），但是臺灣很成功地，由貧苦變爲小康之境，由以農業爲主的經濟變爲以工業爲主的經濟，由蕞爾小島變爲貿易大國。從民國四十一年至六十九年，每年平均實質經濟成長率爲百分之九・一九，就該期間而言，臺灣經濟成長率之高爲世界第一。除去人口因素，每人平均實質經濟成長率爲百分之六・三七。而且，如此高的經濟成長，係由全民所共享，以吉尼係數來看，該不均係數由四十二年的〇・五五八降爲六十九年的〇・三〇三。通貨膨脹率若以消費者物價指數變動率來表示，四十一－四十九年，平均每年爲百分之九・八四；五十－五十九年，爲百分之三・四〇；六十－六十九年，爲百分之十一・〇〇（這是受了兩次石油危機之影響）。在失業率方面，四十一－四十九年，平均每年爲百分之三・九三；五十－五十九年，爲百分之二・九一；六十－六十九年，爲百分之一・六一。如從臺灣的先天條件來評估，這種經濟成就已非尋常，與其說是「奇蹟」，不如說是臺灣同胞胼手胝足、含苦茹辛的成果。

臺灣所表現的經濟發展成就是否曾刺激了中共的領導階層？在兩岸處於敵對局面時，當然中共不會承認。**但是在過去十年（民國六十九年至七十九年），中共經改過程中所採行的政策措施，可在臺灣經濟發展經驗中找到源流。**中共經濟改革政策的首要對象爲農業，這與臺灣在光復後，先發展農業，如出一轍。中共放棄「人民公社」，採行「包產到戶」，並允許個體戶的存在，這與臺灣所採行之三七五減租、公地放領之精神無大的差別。所不同的是：在臺灣，最後田地歸農民所有；在大陸，政府是地主。自中共放棄「人民公社」之後，大陸農業成長大幅度提高，到民國七十五年，在大陸上大部分的地區，人民已有飯吃。基於這一成就，中共對經改有了信心，於是將改革推向工業，因而設立了經濟特區，這種經濟特區與臺灣的加工出口區，頗爲類似。臺灣的加工區係以外銷爲主，而大陸的經濟特區也是以外銷爲主。對於吸引外資所採行的措施，顯然大陸是師法臺灣採行過的措施。

## 三、臺灣經濟發展的成果

臺灣經過四十年的發展，最爲世界各國所稱讚的，是經濟發展的成果。最近十年來，很多開發中國家固對臺灣經濟發展的成果有興趣，因而來臺訪問者絡繹不絕，而已開發國家的學者專家對臺灣經濟發展的成果也有興趣，因而來臺考察者接踵不斷。近年來，更有共產主義國家，爲了進行經濟改革，也希望臺灣經濟發展的經驗能爲其提供些參考。臺灣經濟發展的成果中，最值重視的有下列數項：

㈠高度的經濟成長與合理的所得分配：從民國四十一年至七十九年，臺灣的平均每年實質經濟成長率爲百分之八・六，爲世界之最。至於所得分配，在六十九年以前，所得分配不均度每年都在下降，自六十九年始，所得分配不均度開始有回升趨勢。此種現象爲經濟發展過程中很合理的現象，卽在經濟發展貧苦階段，所得分配平均化有其社會意義，待經濟發展到富裕階段時，所得分配平均不利於勤勞、冒險精神的發揚。

㈡**連年出超累積而成的巨額外滙資產**：自民國六十五年起，幾乎連年出超，而且出超數額愈來愈大，從而外滙資產的累積也愈來愈多。七十六年，外滙資產曾高達七百五十億美元，七十九年，仍會有這個數額，成爲世界上外滙累積最多的國家之一，此不僅表示臺灣對外競爭力之強，也表示臺灣的富有。

㈢**健全的財政無公債之負債**：在臺灣，政府財政已有近三十年的時間，無預算赤字。這主要是由於政府嚴格控制預算執行之所致，而且政府從不以發行貨幣爲挹注支出之手段。因而政府發行的公債爲數甚小，迄未對政府財政，產生任何負擔。

㈣**天然資源不豐但無外債之累**：世界上，無論開發中國家，或已開發國家，多有外債之累，且成爲一國之負擔，如中南美洲的墨西哥和巴西，其外債逾千億美元。有些債務國家旣無力還本，亦無力付息。十年以前，臺灣曾有點外債，爲數不大，近年來，其數額更微不足道。

㈤**長期以來能夠維持較低的通貨膨脹**：從民國四十年至七十五年爲止，除四十年代，因發展初期，物資匱乏，物價水準較高，及七十年代，因受兩次石油危機，物價曾二度暴漲外，在大部分的年代，物價波動很小，尤其在民國七十年代，其物價變動幅度之小，爲世界上所鮮有。

㈥從無嚴重的失業現象：因自四十年代起，卽發展勞力密集之輕工業，從而吸收了大量的勞工，致失業率不高。在民國五十五年以前，平均失業率約爲百分之三・九。五十五年以後，失業率約爲百分之二。

㈦已達「民殷富」境界：一國經濟之發展不在追求政府之富，而是民間之富。在臺灣，農村與都市無大差別，均已享受到電氣化的生活。住宅擁有率高達百分之八十。每年出國人數約佔總人口的十分之一。雖然每人平均國民生產毛額僅逾八千美元，但一般人民之生活享受不比日本爲差。

經過四十年的發展，臺灣同時具有上述七個條件，這是在世界上罕見的現象。値得注意的，世界上，有些國家可能具備其中幾個條件，但具備全部條件的，除臺灣外，可說絕無僅有。

## 四、臺灣經濟發展成果所代表之意義

以上這些經濟發展的成果固然重要，但最重要的是：這些經濟發展成果是如何獲致的？也就是說，它們代表什麼意義？

㈠私有財產制度的價值：在中國文化中，私有財產制度非常重要。如果辛勤所得能改善自己的生活，中國人的辛勤程度非其他民族所能比擬。在過去四十年，對於很多生活在臺灣的人而言，他們每日工作不是八小時，而是十小時以上。其所以如此辛勞，主要是因爲他們所賺取的收入歸自己，爲了改善生活，吃苦耐勞，甘之如飴。

㈡儲蓄是美德：中國人重視儲蓄。儲蓄的目的不僅僅是爲了自己的未來作打算，也爲了後代的未來作打算。在五十多年以前，在大陸，由於銀行不發達，民間儲蓄多成爲窖存，致對經濟發展無多大貢獻。近幾十年來，在臺灣，由於金融制度較爲完備，儲蓄不僅可以生息，也可用來投資，故臺灣儲蓄率之高冠全球。

㈢教育的普及與水準的提高：經濟的發展靠人才的投入，而人力的培植靠教育。在臺灣，一般人都可受到初中教育。而且，由於重視教育，教育水準也不斷地提高，受大專教育的人數在總人口中所佔的比例愈來愈高。卽使貧窮家庭出身之子女，完成大學教育而能出國留學者，比比皆是。教育是改變個人命運和改善一家生活環境的有效途徑。

**㈣中小企業是臺灣經濟發展的主力**：中小企業需資金較少，創辦較易，經營也有較大的彈性。對社會而言，它能創造較多的就業機會，予人民以較多的經濟自由的空間。基於自利動機，中小企業在艱困的環境，也能發展起來。同時，臺灣的企業多以出口爲導向，中小企業也是以世界市場爲市場，發展範圍較不受限制。

**㈤有效率而開明的政府**：由亞洲四小龍來看，它們的政府都是有效率而開明的，故有傑出的經濟表現。對於一個開發中國家而言，政府扮演的角色十分重要，它不僅要維持政局的穩定、社會的安定，更要負責爲社會大衆開拓發展的空間，故其本身要有效率，作風要開明，在臺灣，政府是務實的，很多政策措施都被順利地推行，而有如期的成果。在勞力剩餘時期，拓展勞力密集產業，在資本充裕時期，則推動資本密集和技術密集產業的發展。

## 五、慘痛的發展經驗是最好的教訓

推動經濟發展，必須付出代價。其實，有些代價可以減輕或避免，可是在過去我們並沒有盡力去避免。像已工業化的國家，他們有很多經濟發展的經驗，供我們借鏡，但是，因爲我們未去重視它們，結果，我們也要付出慘痛的代價。像這種經驗，決策階層絕不應等閒視之。下面的經驗是臺灣經濟發展所體驗過的，值得參考。

㈠**強調工業成長忽視對環境的維護**：在貧窮社會，爲了創造就業機會，往往忽視對工業的選擇，對生態環境的維護，似乎可加以原諒。但是，有前車可鑑，就不應也犯同樣的錯誤，例如爲發展養殖業，令地面大幅度的下降；爲發展化工業，讓廢水汚染河川及田地；爲發展農村工業，讓工廠散佈在田地之間，使農場受到破壞。

㈡**管制物價無異火上加油**：物價問題主要是供需失衡問題，如能及時調節供需，物價波動幅度不會太大。但執政當局往往要以「看得見的手——管制措施」，去限制「看不見的手——自利動機」。結果，所生效果適得其反。物價常被認爲是種貨幣現象，如果貨幣供給過多，物價就會上升，爲此，對通貨數量的適當控制比對物價的嚴格管制要有效得多。

㈢**工業長期被保護，難有健康的成長**：對於一般開發中國家而言，對於工業的發展，常受李士特觀念的影響，即工業在發展初期，要作某種程度的保護，待其成長之後，再放棄保護。但是，很多工業一旦被保護之後，多不願放棄被保護的優惠。在長期保護之下，它們多乏競爭力，但是那些未被保護而發展起來的工業，反而有旺盛的生命力、堅強的競爭力。值得重視的，今後任何保護工業的措施，都會受到國際上的監視與干預。

㈣**決策階層避免與利益團體掛鈎**：當一國經濟發展到某一階段，必然產生很多利益團體，而這些利益團體必會利用各種關係，取得某些特權。如果政府的決策階層為其所利用，這個政權就難以持久。為此，政府應設立公正而嚴明的監督單位，切實掌握有關資訊，消除勾結行為。

㈤**經濟自由化是經濟發展的方向**：經濟自由化雖是各國經濟發展的方向，但在自由化過程中，一定要有計畫、有步驟，方不會自亂陣腳。有些措施應先執行，有些措施要後執行，方會達成所預定的目的。

㈥**法規要經常修訂，以適合社會需要**：任何法規都是對人類行為的一種約束。在某一環境之下所產生的法規，執行時會產生如期的效果，但當社會已經變遷，經濟結構已經不同，所需的法規必須加以檢討、修訂；對於新興的行業，也必須訂定新的法規以規範其行為。否則，舊的法規往往成為經濟發展的絆腳石，社會秩序被破壞的主因。

## 六、大陸的態度與我們的責任

三十年經濟發展的經驗足以檢驗一種經濟制度的良劣、發展策略的好壞，和政策措施的適當與否。大陸在共產主義經濟制度之下，熬過三十年。在這三十年，大陸同胞生活雖非處於水深火熱之中，但人民生活貧苦，缺乏經濟自由，則是不能否認的事實。過去十年，中共在經濟制度上有了不少改變，經濟發展也有了相當大的成果，這也是不容置疑的事。臺灣經過四十年的經濟發展，創造了豐碩的經濟成果，也是世所共認的事實。臺灣經濟發展的成功不全靠經濟制度本身，也靠它發展所需要的政治環境，如決策當局的開明、政局的穩定以及以民意爲依歸的政策措施。如果大陸能承認這些事實，執政當局應儘量吸取臺灣經濟發展的經驗，因爲好的經驗固可作參考，壞的經驗也可作警惕，以免犯同樣的錯誤。

無論如何，臺灣與大陸雖一海之隔，但文化背景相同，語言相同，血緣相同。基於「無富裕的大陸，卽無安全的臺灣」之考慮，我們應在能力範圍內，協助大陸的經濟發展，使大陸同胞也能享有富裕而自由的生活。

（原載《中央日報》，民國八十年一月十六日）

# 海峽兩岸經濟關係的發展

——海峽兩岸如能在經濟上密切合作，充分發揮比較利益優勢，互補共利，一定可以迎接其他開發中國家的挑戰，化解國際競爭與區域主義的保護障礙。

## 一、兩岸經濟關係由暗而明

大陸地區自一九七九年採行經濟改革以來，對外採取了開放的政策，吸引外人投資，並拓展對外貿易，而臺灣地區自一九八七年准許民衆赴大陸探親與商務考察以來，各產業活動的空間，也爲之擴大。由於海峽兩岸的政策均具有對外的開放性，臺灣和大陸的經濟關係，包括投資、貿易、探親、旅遊等，便由暗而明，活絡的發展起來。這種發展，無疑是基於彼此的相互需要。

事實上，若非因兩岸意識形態與政治制度之嚴重衝突，兩岸人民的關係應當是很密切的。這不僅僅是因爲臺灣與大陸之間只有一水之隔，而且也因爲兩岸人民在文化上、語言上、乃至血緣上，都有難以長期分割的關係；更重要的是，兩岸經濟關係之重建與發展，有利於大陸的經濟成長，也有利於臺灣產業的持續發展。

衆所周知，過去四十多年，臺灣經濟成長的推動力量，是對外貿易的發展。臺灣本身並無豐富的天然資源，所擁有的只是人力資源。僅憑人力資源，並不足以使經濟有高度的成長，**臺灣所採取的策略，乃是有效運用人力資源、美援和外資，配合進口的原材料和機器設備，發展勞力密集產業，奠定出口的基礎。同時，更靈活地運用比較利益原則，使對外貿易迅速成長，成爲經濟成長的主導力量。**不過，自一九八〇年代以還，國際競爭日趨激烈，工業化國家爲維持其經濟優勢，減少外來的競爭壓力，便形成區域主義。由區域主義所形成的區域集團，在集團之內，是自由貿易，在區域集團間，以及區域集團與非集團的國家間，卻有濃厚的保護主義色彩。復次，一九八六年以來，新臺幣對美元曾大幅升值，計達百分之五十以上。這對臺灣產品在國際市場上的競爭，十分不利。在此期間，國內金融狂飆，股價暴漲，投機之風猖獗，環保問題層出不窮，勞工短缺，工資大幅上升，這些現象，造成臺灣中小企業「出走」的主要原因。

## 二、比較利益原則乃最佳選擇

中小企業，一向是臺灣出口的先鋒。由於對外競爭力被削弱，很多中小企業的生存便受到了威脅，爲了圖存，它們不得不向外發展。在當時，大批廠商首先選擇了東南亞地區，因爲這個地區的人工便宜，地價低廉，且有投資優惠待遇。但當他們發現中國大陸的投資環境，並不比東南亞地區遜色時，他們對到大陸的投資，便產生了興趣。對於到大陸投資，除對政治風險稍有顧慮外，對大陸人事關係之溝通、生活環境之適應，以及牟利程度之比較，認爲到大陸投資較到東南亞地區投資更爲有利。因此，許多人甘冒政治上的風險，到大陸東南沿海地區進行投資。據一九九一年春的統計，到大陸投資的臺商有二千五百多家，實際數目可能更爲多些。正由於對大陸投資之不斷增加，經香港到大陸的轉口貿易，乃爲之大幅成長。即以一九九一年而言，對大陸的貿易總額，高達美金五十多億元，而對大陸貿易出超，已成爲臺灣貿易出超的重要組成部分。

對大陸而言，雖然擁有豐富的天然資源及廉價而充沛的勞力，但缺乏資金、技術、管理和行銷能力，若僅憑其自身的條件，實難以順利推動經濟發展，若能結合臺灣所提供的這些生產資源，對於推動經濟發展便十分有利。基於互賴的關係，最近四、五年，許多到大陸投資的臺商和當地的廠商逐漸建立起垂直分工的關係。這種垂直分工，完全利用兩岸的比較優勢，它不但提高了產品的附加價值，也增強了這些產品在國際市場上的競爭力。於是，大陸的對外貿易迅速成長，增加了外滙收入，這種合作關係亦爲大陸同胞創造了許多就業機會。

今日的世界，是個激烈競爭的世界，誰能掌握機先，誰能靈活運用比較利益原則，誰就能在競爭中有獲勝的把握。如果臺灣放棄對大陸經濟的經營機會，這個機會也會被鄰近的國家所據有，一旦如此，它們的競爭力就會大增。處在這種情況，我們對外貿易的空間必然縮小，因爲它們掌握了大陸的廉價勞力、便宜土地，和豐富的資源，而我們卻一無所有。何況，大陸經過十年的經濟改革後，已顯露出是個有潛力的市場，無論對於生產或消費，均有相當大的胃納力。儘管目前大陸的所得水準不高，但是某些地區、某些階層，仍有不可忽視的購買力。

## 三、富裕生活爲兩岸人民的共同願望

過去四十多年臺灣經濟發展的成就，已對大陸同胞產生了很大的衝擊作用。最顯著的事實，即臺灣不但由一個貧窮社會進入一個富有的社會，而且已達到了「藏富於民」或「人民殷富」的境界。而大陸經過十年的經濟改革，廣大的農村也起了劇烈的變化，一般農民多能得到溫飽，免於凍餒。海峽兩岸經濟關係的增強，不僅有助於大陸同胞生活的持續改善，而且也有利於私有財產制度的建立，與市場經濟的形成。唯在私有財產制度之下，經濟自由才能實現；也唯在市場經濟之中，有限資源方能得到有效的利用。

爲了贏得國際競爭，並保持經濟的不斷成長，海峽兩岸在經濟上必須密切合作，妥善發揮比較利益優勢，達到截長補短的效果。唯有如此，始能迎接開發中國家的挑戰，也方能化解區域集團的保護障礙。我們相信，追求富裕生活和經濟自由，是兩岸人民的共同願望，只要堅持這個方向，努力不懈地去追求，假以時日，這個願望一定會達成。

（原載《交流月刊》第二期，民國八十一年三月）

# 海峽兩岸科技交流之探討

## 一、前言

經過三十多年的隔閡，臺灣海峽兩岸人民始於一九八〇年代中期，以間接的途徑，進行雙向的產品交流及探親、單向的觀光和投資。對於科技交流，於最近一年，始受到學術界的重視及政府部門的關切。由於科技交流的文獻很少，而資料不多，本文所要探討的，不是科技交流的成果，而是要回答幾個有關的問題：即兩岸爲什麼要科技交流？科技交流對兩岸有些什麼好處？科技交流的範圍與途徑，兩岸政府的態度，以及科技交流的預期成果。

## 二、兩岸爲什麼要科技交流

海峽兩岸爲什麼要科技交流？要回答這個問題，我們需從兩個角度來分析，卽當前的國際競爭情勢和科技交流伙伴的選擇。前者將說明科技的不斷提升，才是贏得競爭的最佳武器，而後者將剖析兩岸之科技交流，是利害權衡之後，最適宜的選擇。

㈠當前的國際競爭情勢：今後的世界是一個貿易競爭激烈的世界，雖不能用「適者生存，不適者滅亡」的肯定語來形容，但是，在貿易競爭中如不能獲勝的話，這個國家很難有經濟成長，特別是以貿易爲經濟發展主導力量的國家，更是如此。

目前區域主義正在形成。例如加拿大和美國簽訂的自由貿易協定已擴及墨西哥，而西歐的單一市場組織，在不久的將來，也會擴及東歐的匈牙利、波蘭和捷克。這種區域經濟組織，對我們而言，有兩種威脅：⑴區域組織內有更大的自由空間，但區域與區域間、區域與個別國家間，則有強烈的保護主義的色彩。要突破保護主義所建立的藩籬，所依賴的是高科技的產品。⑵北美自由貿易協定包括墨西哥後，這個區域可利用美、加的資金、技術和管理，結合墨西哥的低廉的勞工，便會產生一種比較優勢（comparative advantage），利用這種比較優勢所生產的產品就有較大的競爭力。同樣，西歐的單一市場已包括南歐國家，而南歐國家的勞工較爲低廉，如果東歐的匈、波和捷也包括進去，這些國家的勞力更便宜。以西歐的資金、技術和管理，結合這些國家的低廉勞力，也會產生一種比較優勢，提升其產品的競爭力。面對這種情勢，我們所生產的產品能否突破保護主義的藩籬？以目前的科技水準而言，對它的勝算並不樂觀。至於我們的比較優勢，在過去，一向依賴低廉的勞力，但由於經濟的快速成長及所得的大幅增加，工資水準提升之高，以最近二年而言，已超過韓國、香港和新加坡，在亞洲地區，除日本外，臺灣爲最高❶。對於傳統產業或勞力密集產業之生產，臺灣顯已失去比較優勢。

㈡科技交流伙伴之選擇：一國產業競爭力之高低，主要取決於兩個生產因素❷：即工資水準和技術水準。如果技術水準相若，工資水準是決定競爭力的主要因素；如果工資水準相

❶以一九九〇年和一九九一年而言，以美金表示，臺灣的工資較韓國爲高，也較香港及新加坡爲高。事實上，香港與新加坡的每人平均國內生產毛額遠高於臺灣。至於東南亞的國家，其工資均較臺灣爲低，而且低得很多。若仍發展勞力密集產業，臺灣已無比較優勢可言。

❷決定產業競爭力的因素，除工資水準與技術水準外，尚有其他因素，如地租、管理技能、售後服務程度等。比較之下，工資與技術爲最重要。爲簡化分析，以此兩岸生產因素爲討論重點。

若，技術水準是決定競爭力的主要因素。如果技術水準能不斷提升，它不僅會使產品品質提高，也會抵銷工資成本的增加。就臺灣情況而言，勞工不再低廉，且有短缺現象。技術水準仍在慢慢提升之中，但不足以與北美、西歐及日本的技術相抗衡。爲了克服這兩種困難，臺灣必須尋找能合作創造比較優勢的伙伴：卽較廉價的勞力和具開發潛力的科技。

1.東南亞國協——自一九八〇年代中期以來，由於投資環境惡化，新臺幣對美元大幅升值，臺灣的中小企業便到東南亞國協❸，利用當地廉價的勞力、低成本的土地，結合自己帶去的資金、機器和管理，從事製造業生產。不過，由此所創造的比較優勢很難維持長久，如果其他地區所提供的勞力更爲低廉，土地成本更爲便宜。

2.東歐國家❹——東歐國家正脫離計畫經濟制度而步向市場經濟制度，雖然勞力低廉，科技水準也相當的高，但由於政局尚不穩定，經濟秩序尚待建立，很多業者多裹足不前，故很難創造一種比較令人安心的比較優勢。

❸ 到東南亞國協的國家，主要爲馬來西亞、泰國、印尼及非律賓。這些國家的勞力較臺灣爲低廉。

❹ 爲簡化起見，東歐國家也包括獨立國協的國家。

3.中國大陸——自一九八七年❺，兩岸貿易開始來往以來，不少中小企業業者紛紛到大陸投資。他們利用大陸上更爲低廉的勞工，和更爲便宜的土地成本，結合自己帶去的資金、機器和管理，從而創造了一種比較優勢。利用此比較優勢所產生的競爭力比在其他地區爲大。

比較這三個地區，東南亞地區只具備較爲低廉的勞工，但無可開發的技術。一旦勞工不再低廉，其比較優勢便很快消失。東歐國家有低廉勞工，也有待開發的技術，但由於這個地區經濟、政治、社會均處於動盪不安的局面，業者對投資前途缺乏信心，況語言、生活習慣不同，也會使業者不敢嘗試。相較之下，中國大陸有較多的優點，不僅勞力充沛、低廉，而且有待開發的技術。尤其兩岸語言相同，生活方式相差不大，使業者易於適應。

從臺灣的觀點，大陸適於作科技交流的伙伴。但是，從大陸的觀點來考慮，臺灣是否爲一較佳的科技交流的伙伴？如果答案是肯定的，兩岸進行科技交流才能滿足「交流」的必要條件。

從大陸的觀點，儘管大陸的勞力豐、工資低，但工資水準會隨經濟成長而提高，而出口

❺ 一九八七年以前，已有不少臺商從事兩岸的貿易，並利用香港、日本及美國，對大陸在名義上作迂迴性的投資。一九八七年，政府准許退役軍人及退休公務員可回大陸探親，自此之後，兩岸關係便開始熱絡起來。

的產品主要爲勞力密集型產業所生產的產品，這種產品在國際市場上受到的障礙會愈來愈多，其所具有之比較優勢也會因工資的不斷提高而減弱。就長期言，大陸也需要開發它的科技，使產品更具競爭力。爲此，大陸也需選擇科技交流的伙伴。大陸所選擇的伙伴是：具有雄厚的資金、現代化的管理和靈活的行銷技術。

首先是日本，日本具有上述條件，但是日本對於自己的訣竅(know how)從不傳授給別國業者，以防與其競爭❻。而且在大陸的中國人對日本難忘「九一八事件」以迄八年抗戰勝利所留下的殘暴印象，心理上的隔閡很深，同時語言、文化差異也會造成溝通及適應上的不便與困擾。其次是韓國，韓國也具有上述條件，但在大陸的中國人，對韓國人的印象與對日本人的印象相差不大，彼此難免有「心防」的意識存在。儘管最近二年來，日本與韓國對大陸從事大量的投資，但他們的出發點是利用大陸廉價勞力，生產外銷產品；進一步利用大陸市場，銷售自己產品，故對科技交流的興趣並不大。除此，美國和西歐的國家，他們對大陸的廉價勞工有興趣，但自墨西哥加入北美自由貿易協定，南歐國家及東歐國家均有廉價

❻臺灣與日本有三十多年的技術合作計畫，即日本人提供資金、機器設備和技術，臺灣提供勞力及土地。但是臺灣的企業很難學到日本的生產技術，因爲日本對其生產技術保密極嚴。不過，日本不能保密的技術是管理技術、行銷技術。在這方面，臺灣企業受益很多。

的勞力供西歐國家運用，對大陸投資設廠的意願並非與所想像的一樣那麼高。他們感興趣的，還是對大陸市場的開拓。

最後要考慮的是臺灣。經過五、六年兩岸貿易的來往及臺商在大陸的投資，大陸同胞感覺到與臺商交往所獲得的利益更大。臺灣具備上述的條件，而且在語言溝通上固無任何不便，在生活方式上彼此也相差不大。更重要的，兩岸在民族感情上還是相當接近的。使中華民族在世界上有地位，中國人在國際活動中有尊嚴，可說是兩岸人民的共識❼。

## 三、科技交流對兩岸有些什麼好處

取長補短，共謀最大利益是兩岸交流的主要目的。大陸有長處，也有短處，臺灣亦然，並不例外。以臺灣的長處彌補大陸的短處，以大陸的長處彌補臺灣的短處，正是兩利的行爲。

大陸的長處是人力充沛，在很多地區，人力素質也相當的高。其短處是：缺乏可利用的

❼ 儘管在國共鬥爭中，很多中國人嘗受苦難，但民族感情仍然存在。共同的血統，相同的文化背景，在某些情況下，會使一個民族團結起來，一致對外。大陸與臺灣的關係就是如此。

資金，沒有資金，持續的經濟成長就無可能，因爲充沛的人力會閒置，會被低度利用，這都不利於經濟發展。大陸上的管理技術較差。數十年指令經濟運行的結果，一般人不了解成本，也不知效益，各行業邊際生產力低，甚至爲負值。管理中，無論是財務管理、人事管理或物料管理，莫不與所經營的事業息息相關。大陸上最缺乏的是財務的管理，而且財務管理之好壞關係一個企業的成敗❽。由於大陸的外銷尚處於起步階段，行銷管道相當缺乏，行銷技巧也十分落伍。至於技術，大陸的國防科技相當的高，還可以傲視世界，但用於非國防事業的生產技術卻相當的低。同時大陸的基礎科技具相當高的水準，但距商業化還有一段很長的距離。如何縮短這段距離，固需要資金，也需要經驗。

如果大陸的科技能得到充分的開發，相信未來十年內，大陸出口的勞力密集產品，在國際上會有很強的競爭力，而且十年之後，也有能力同已開發國家進行技術密集產品的競爭。

我們再看看臺灣，臺灣已有人力短缺現象，也已失去勞力密集產品的比較優勢。對於科技的發展，雖然有些成效，但成效有限，主要的是：臺灣推動科技發展遇到了瓶頸：(1)臺灣企業以中小企業爲主，這種企業規模小，多無力在R&D方面作大量的投資。過去多賴新機

---

❽ 如果觀察企業興衰史，大部分企業之倒閉、破產，是由於財務上出了問題。資金調度失靈會使一個旺盛的企業瞬夕之間失血而衰。近二十年來，在臺灣，這類的實例不勝枚舉。

器所帶來的新技術、高效率，致對科技研究與引進多無興趣。⑵科技產品開發後，需要相當規模的國內市場來接納，一待國內市場能接納，在國際市場上才會有較大競爭力。否則，開發出來的新產品直接送到國際市場，則所冒的風險會很大。⑶在臺灣，部分產業之中高、中級技術人才供應不足。依據行政院經建會《國家建設科技人才需求推估——民國七十九年至八十九年》之分析，未來專科以上高級技術人力之供給，在下列學科呈現不足現象：具大學及大學以上程度：電機、電子、機械、土木建築、環境工程、材料及礦冶、工業設計及資訊。專科程度：土木建築、材料及礦冶、工業工程❾。

**經過三、四十年的磨練，臺灣企業在管理方面累積了很多寶貴的經驗，那就是開拓國際市場的經驗、與外商的經驗，運用少數資金產生巨大營運效果的經驗，將外國技藝經模擬化爲自己持有的經驗等。**這些寶貴的經驗正是大陸企業所缺乏的經驗。如果將兩岸之長補兩岸之短，兩岸的科技基礎不但更爲廣而堅，而兩岸所創造的比較優勢將會突破區域主義所形成的保護藩籬，也會使開發中國家的競爭力望塵莫及。

---

❾ 參見行政院經濟建設委員會：《國家建設科技人才需求推估——七十九年至八十九年》及陳麗瑛：《從兩岸工業發展之基礎與交流現況，探討中共八五計畫對產業及科技發展之影響》，中華經濟研究院，民國八十一年。

## 四、科技交流的範圍與途徑

在兩岸政治禁忌沒有被完全擯除之前，科技交流的範圍是會受到限制的。我們可以想像到的，大陸的國防科技交流一定會受到嚴格的管制，而臺灣的國防科技也不會輕易示人。在兩岸政府可允許的範圍內，我們嘗試作如下之分析：

㈠**科技資訊之交流**：建立科技資訊系統爲進行科技交流的依據。如何建立對岸的科技資訊系統並非易事。首先是如何獲取對岸的科技資訊。經由學術機構的交換是條常用的途徑，但重要的科技資訊仍需透過各種管道，以各種可能的方法來蒐集。到目前爲止，兩岸均無全國性科技的資訊中心，用來專司交流的工作。我們希望兩岸的執政當局對非國防性的科技文獻、資料，同意其自由交流，不加任何限制，進而給予協助。

㈡**科技人才交流**：在科技人才交流方面，我們可找出下列四種途徑：

| | | 臺灣 | |
|---|---|---|---|
| | | 學術單位 | 企業單位 |
| 大陸 | 學術單位 | 11 | 12 |
| | 企業單位 | 21 | 22 |

表中「11」表示學術單位與學術單位之間的交流，「12」表示學術單位與企業單位的交流，其餘類推。

(1)大陸學術單位與臺灣學術單位的人才交流——主要爲研究上的合作及爲獲取對方的資料而交流。但這種交流需要資金的支持才有可能，因爲個人無力到對岸從事這種活動。資金何來？我們能對等相待嗎？以目前大陸經濟情況而言，大陸的學術單位顯然無此能力。在臺灣的個人恐也無能力到對岸作研究。爲此，在臺灣需要籌措一筆基金，供兩岸學術單位人才交流之用。一九八八年，在臺灣的學者曾提出類似的建議，迄未得到執政當局的具體回應⑩。

⑩ 于宗先、侯家駒和高希均曾於民國七十七年三月十五日在《聯合報》發表一篇文章〈爲中國統一尋找起點〉，主張加強兩岸的學術文化交流。

⑵臺灣企業單位與大陸學術單位的人才交流——大陸的學術單位在某些學科方面有相當好的研究成果，但是無資金來開發成可用的產品，臺灣的企業單位可提供資金，一則是邀請其來臺灣開發成產品，一則是就地開發成產品。

⑶大陸企業單位與臺灣學術單位的人才交流——大陸的企業管理，無論觀念與技術均比較落後，臺灣在這方面有相當多的人才。合作的方式：一則是在大陸設培訓中心，邀請臺灣的學者專家去傳授技藝，一則是在臺灣設培訓中心，大陸派人來接受訓練並實習。再一種方式是大陸的企業單位聘請臺灣的專家擔任總經理，由其負責羅致專門人才，共同經營那裏的企業單位，一待有成，再將經營權歸還原主。

⑷臺灣的企業單位與大陸的企業單位之人才交流——這種交流主要應用於生產的垂直分工，即在生產過程中，兩岸企業單位，按比較優勢原則，分工合作，以迄於成。在這種合作方式下，固可降低生產成本，又可創造更高的附加價值，這對兩方均有利。臺灣的企業單位可雇用大陸的科技人才在臺灣生產，也可在大陸設廠，雇用其科技人才就地生產。

除此，爲增進交流，提高科技水準，兩岸應經常舉辦研討會，交換研究心得；舉辦產品展覽，增加觀摩機會；舉辦技藝比賽，激發專才潛能。

惟值得疑慮的，即大陸的企業主要爲國營企業，臺灣的企業主要爲民營企業。民營企業的老闆有充分的自主權，而國營企業的自主權要受黨政的限制。不過，大陸的國營企業也在轉變中，根據最近的消息[11]，中共有關當局日前推出「國家試點企業集團國有資產授權經營的實施辦法」，並選定七家大型企業集團作爲第一批實施國有資產授權經營的試點。這七家大型企業包括東風汽車集團、東方電氣集團、中國重型汽車集團、第一汽車集團、中國五金礦產集團、天津渤海化工集團和貴州航空工業集團。如果試點的成果令中共當局滿意，必會擴而大之。大陸國營企業的自主性會隨著大陸經改的腳步慢慢增大，將呈難以回轉的趨勢。

## 五、兩岸政府的態度

兩岸科技能否順利交流，端視兩岸政府的態度。到目前爲止，兩岸政府仍處於敵對狀態，即使敵對的程度已較五年前大爲緩和，無庸諱言的，兩岸科技交流必會受到某種程度的限制。從大陸的觀點，對與國防有關的科技必會嚴守秘密，以防爲「敵」所悉，爲「敵」所用。這個「敵」主要是指在政治上與其對抗的政治組織，臺灣便是一個主要的對象。正如前

[11] 見民國八十一年九月二十八日，《中央日報》七版新聞。

言所言，大陸的大企業幾全爲國營企業，中共對國際企業的某些科技，必會作某些規定與限制；同樣，從臺灣的立場，我們也有些國防科技不願意爲外人道，而加以防範，這會使兩岸科技交流的範圍縮小。

我們希望兩岸科技交流的必要性能得到兩岸政府的共識。儘管在政治上彼此歧見尚深，但不宜妨礙科技交流的進行。爲此，大陸海協會與臺灣的海基會應加強交往，溝通兩岸政府的誤解，進而消除兩方的歧見。

就臺灣而言，政府應負責籌措一筆基金，供兩岸科技交流之用。這筆基金在政府經常賬上是項消費支出，但其效果卻具有資本支出的效果。對於由大陸引進科技人才，應給予方便；對於培訓大陸科技人才，應給予經費支援。就大陸而言，應解除對通訊自由的限制，放寬科技交流的範圍，對大陸科技人員的來往兩岸給予方便。

## 六、科技交流的預期效果

我們已從當前國際經濟情勢及國際競爭的觀點，說明兩岸科技交流的必要性。如果兩岸能順利的科技交流，兩岸都會得到取長補短的效果。

對臺灣而言，大家所關心的是產業升級問題，而產業升級需要兩個條件的滿足：一爲科技水準的不斷提升，一爲投資意願的增強。投資意願著眼於未來的牟利程度是否較大，而牟利程度之大小主要繫之於競爭力的大小。爲增強競爭力，提高科技水準爲必要途徑。我們所強調的兩岸科技交流，就有提高科技水準的效果。在臺灣，我們缺乏技術勞工，大陸可以提供這種勞工。同時兩岸科技的合作研究與開發，必會有助於臺灣科技水準的提升。除此，大家尚憂心的一個問題，即產業空洞化問題。如果臺灣的投資環境能夠改善，科技人才不虞匱乏，而科技水準不斷的提高，也不會發生產業空洞化問題。對任何一個國家而言，如果國內產生產業空洞化，在國內所作的任何投資都會失去根基。失去根基的國外投資也就失去了保障。

對大陸而言，大陸的經濟需要繼續發展，然資金是個限制因素，所以要引進外人投資。近年以來，外人投資增加很快，對大陸的持續成長有幫助。大陸必需要的，除資金外，就是管理技術，以及生產技術的商品化問題。通過兩岸的科技交流，我們相信這兩個問題都會很快地獲得解決。大陸能解決這兩個問題，這對大陸的經濟發展會產生很大的作用。

（原載《兩岸關係學術研討會實錄》，民國八十一年十月）

# 三民叢刊書目

㉔臺灣文學風貌　李瑞騰著
㉕干儛集　黃翰荻著
㉖作家與作品　謝冰瑩著
㉗冰瑩書信　謝冰瑩著
㉘冰瑩遊記　謝冰瑩著
㉙冰瑩憶往　謝冰瑩著
㉚冰瑩懷舊　謝冰瑩著
㉛與世界文壇對話　鄭樹森著
㉜捉狂下的興嘆　南方朔著
㉝猶記風吹水上鱗
•錢穆與現代中國學術　余英時著
㉞形象與言語
•西方現代藝術評論文集　李明明著
㉟紅學論集　潘重規著
㊱憂鬱與狂熱　孫瑋芒著
㊲黃昏過客　沙　究著
㊳帶詩蹺課去　徐望雲著
㊴走出銅像國　龔鵬程著
㊵伴我半世紀的那把琴　鄧昌國著
㊶深層思考與思考深層　劉必榮著
㊷瞬　間
•轉型期國際政治的觀察　周志文著
㊸兩岸迷宮遊戲　楊　渡著
㊹德國問題與歐洲秩序　彭滂沱著
㊺文學關懷　李瑞騰著
㊻未能忘情　劉紹銘著
㊼發展路上艱難多　孫　震著
㊽胡適叢論　周質平著
㊾水與水神
•中國的民俗與人文　王孝廉著
㊿由英雄的人到人的泯滅
•法國當代文學論集　金恆杰著
51重商主義的窘境　賴建誠著
52中國文化與現代變遷　余英時著

⑤③橡溪雜拾

思果 著

本書爲作者近年來旅美讀書心得、生活觀感。作者人生經歷豐富，觀察入微，涉筆成趣，說理深入淺出。觀世的文章，卻沒有說教的味道，詼諧之文寫來沒有做作的痕跡。有美麗如詩的短文，也有談論科學知識的篇章。適合各階層讀者加以細讀品味。

⑤④統一後的德國

郭恆鈺 著

兩德統一不是西德用馬克吃掉東德，也不是聯邦德國版圖的擴大，而是兩個政經體制完全不同的國家及人民的重新整合。本書從這個角度出發，介紹統一後的德國在經濟、政治、法制、教育以及意識型態等多方面所遭遇到的諸多問題。

⑤⑤愛廬談文學

黃永武 著

本書以中國文學詩歌爲主體，爲維護中國文字的正體字而大聲疾呼；爲光揚中國古典詩在現今美學中的價値而細心闡發；對於敦煌新發現的寫卷資料，也用淺顯筆法作應用的示範；對西洋星座起源的追索以及對「圖象批評」的分析，均極具啓發作用。

⑤⑥南十字星座

呂大明 著

人生是一段奔馳的旅程，生命的列車載著你、我向四野茫茫的時空飛奔……當你在生旅中奔馳，請爲這本小書逗留片刻，書中有人間至情、生活的哲思、美的闡釋、文學盤古的足音，有清純如童謠般的吟唱，也有鐫心的異鄉情懷……

因爲一份眞摯的愛，對文學，對那塊廣袤的土地，對那些親如手足的人；所以有了理解，有了同情，有了尊敬；那怕是擦身而過，也會留下痕跡，留下感觸。本書作者以親身經驗寫她和十多位作家的交往，爲當代中國文學史添加幾頁註脚。

## ㊼重疊的足跡

韓　秀　著

## ㊽書鄉長短調

黃碧端　著

本書內容包括文學隨筆、新書短評、域外書介三部分。作者藉由理性的角度、感性的筆調，評論了近幾年來出版的一些小說，兼論及文學界的一些人與事，並對中文西譯的困難展現出相當程度的關懷。

## ㊾愛情・仇恨・政治

### ・漢姆雷特專論及其他

朱立民　著

本書論及四部莎士比亞悲劇裏的各類問題：如朱麗葉的父親對悲劇發生的責任、奧賽羅黑皮膚的反諷、漢姆雷特內心的衝突、勞倫斯奧立弗如何改編莎劇及柴弗瑞里如何處理漢姆雷特的戀母情結等等。

## ㊿蝴蝶球傳奇

### ・眞實與虛構

顏匯增　著

本書所力圖企及的絕非所謂的「魔幻寫實主義」，而是企圖尋找一個眞正屬於「紙上文字世界」的經驗。作者認爲唯有從紙上經驗「本身」獲得眞實的感受，才能在諸般迥異於文字世界的世界中，洞見出眞正活生生的東西……

## ⑥① 文化啓示錄

南方朔 著

目前的臺灣正在走向加速的變革中，相應的是一切變革之後的「文化」改變卻明顯的落後太多。「文化」與現實的落差是作者近年鍥而不舍於「文化」問題的原因，本書則是提供讀者一個思考的空間。

## ⑥② 日本這個國家

章陸 著

本書從東、西方及過去、現在、未來等衝擊與演變，綜看日本的萬象。作者以旅日多年的見聞，根據今昔史實，敍述日本的風土習俗、文化源流、天皇制度、政壇人物、社會現象等等，並比較其互爲因果，以期能向國人提供認識日本的一些參考資料。

## ⑥③ 在沉寂與鼎沸之間

黃碧端 著

本書是作者對當今時事的分析評論集，篇篇都有獨到的見解，觀察入微、議論平實。除了能啓發讀者另一層思考外，亦展現出高度的感性關懷。在紛擾鼎沸的世局中，是一股永不沉寂的清流，值得關心國事的人，同來思考與反省。

## ⑥④ 民主與兩岸動向

余英時 著

一九八七—九一是海峽兩岸局勢動盪最劇烈的時期，在此關鍵時刻，本書作者以一個「學歷史的人」的觀點，對中國的民主發展及兩岸動向提出一些見解，期望此見解能產生「見往知今」的效用，同時也期待處於此歷史轉折點上的中國人一起省思。

## ⑥⑤ 靈魂的按摩

劉紹銘 著

本書作者長年旅居海外，以宏觀的視野、幽默風趣的筆調，對當代中國文學及世界文化現象，加以詮釋及評析。希望讀者藉著本書的「按摩」，不僅能達到滌清思緒，舒筋活骨之效；更能對這個既熟悉又陌生的世界，有著嶄新的認知及體驗。

## ⑥⑥ 迎向衆聲
### ・八〇年代臺灣文化情境觀察

向陽 著

本書是作者在八〇年代期間，面對風起雲湧之臺灣文化現象所作的觀察報告。向陽以其詩人之心、論者之眼，透過對文學、藝術、民俗、語言、史料整理及相關著作的解讀與評析，試圖建構一個「文化臺灣」圖式，彰顯八〇年代臺灣文化的形貌。

## ⑥⑦ 蛻變中的臺灣經濟

于宗先 著

由於兩岸解凍、經濟自由化、臺幣升值、金融狂飆等問題的激盪，引發了社會失序、政府無力、人民迷惘的混沌現象。身爲此大變局中的一員，本書作者表達了一個知識分子的感受和建言，期待能爲這個蛻變的時期留下記錄，並提供解決的途徑。

## ⑥⑧ 從現代到當代

鄭樹森 著

五四運動帶給中國現代文學的影響是巨大而深遠的。作者以此爲出發點，運用他專業的學識及文化素養，對現今兩岸三地的中國文學和作家，作了深刻的研究和評論，並旁及與西方文學的比較，是一本內容豐富的文化評論集。

## ⑲嚴肅的遊戲
### ·當代文藝訪談錄

楊錦郁 著

本書共分文學心靈、文學經驗、文學夫妻、電影之美四部分，訪問了白先勇、洛夫、葉維廉等當代著名文學家，暢談創作的心路歷程，是作者從事報導文學多年累積而成的文字結晶，值得您細細品味。

## ⑳甜鹹酸梅

向明 著

本書是作者在人海中浮沉時所領略體會出的諸般心得和感想：有人間世事的紛擾和關懷，有親情友情的回味和依戀，更有旅途遠行的記憶和心得，反映出生逢亂世一個平凡人的甜鹹酸苦，文字簡鍊流暢，是作者詩筆以外的另一種筆力。

國立中央圖書館出版品預行編目資料

蛻變中的臺灣經濟／于宗先著.--初版
.--臺北市：三民，民82
面；　公分.--（三民叢刊;67）
ISBN 957-14-2052-2（平裝）

1.經濟—臺灣

552.2832　　82008473



著　者　于宗先
發行人　劉振强
著作財產權人　三民書局股份有限公司
印刷所　三民書局股份有限公司
復興店／臺北市復興北路三八六號五樓
重慶店／臺北市重慶南路一段六十一號
郵　撥／〇〇〇九九九八——五號
初　版　中華民國八十二年十二月
編　號　S 55006
基本定價　叄元叄角叄分
行政院新聞局登記證局版臺業字第〇二〇〇號



ISBN 957-14-2052-2（平裝）